LEKTÜRESCHLÜSSEL
FÜR SCHÜLERINNEN UND SCHÜLER

Wolfgang Koeppen

Tauben im Gras

Von Wolfgang Pütz

Philipp Reclam jun. Stuttgart

Dieser Lektüreschlüssel bezieht sich auf folgende Textausgabe: Wolfgang Koeppen: *Tauben im Gras*. Frankfurt a. M.: Suhrkamp, 1980 [u. ö.; die Stellenangaben beziehen sich auf den neu gesetzten Text von 2010]. (suhrkamp taschenbuch. 601.)

RECLAMS UNIVERSAL-BIBLIOTHEK Nr. 15429

Durchgesehene Ausgabe 2011
Gesamtherstellung: Reclam, Ditzingen
Printed in Germany 2012

ISBN 978-3-15-015429-8

www.reclam.de

Inhalt

1. Erstinformation zum Werk **5**

2. Inhalt **9**

3. Personen **12**

4. Aufbau und Erzählform **23**

5. Wort- und Sacherläuterungen **31**

6. Interpretation **53**

7. Autor und Zeit **61**

8. Rezeption **71**

9. Checkliste **73**

10. Lektüretipps **76**

Anmerkungen **79**

1. Erstinformation zum Werk

Nach der Kapitulation der Wehrmacht am 8. Mai 1945 und dem damit besiegelten Ende des Dritten Reiches entstand in Deutschland und Österreich eine neue Literatur, in welcher die Folgen der nationalsozialistischen Gewaltherrschaft inhaltlich den Schwerpunkt bildeten. Die Auseinandersetzung mit den unvorstellbaren Grausamkeiten und Zerstörungen, die im Namen des deutschen Volkes aus rassistischen und nationalistischen Gründen verübt worden waren, beschäftigte die Mehrzahl der Schriftsteller, die aus der inneren und äußeren Emigration in die Öffentlichkeit zurückkehrten oder zum ersten Mal mit Romanen, Kurzgeschichten, Hörspielen, Dramen und Gedichten einem breiten Publikum bekannt wurden.

Literatur nach der Stunde Null

Die heute unter dem Epochenbegriff der Trümmer- oder Kahlschlagliteratur bekannten Veröffentlichungen der Jahre 1945–50 thematisierten die Gegenwärtigkeit von Krieg, Verfolgung und Schuld in der existenziellen und materiellen Misere der Menschen im Nachkriegsdeutschland. Seit 1947 versammelte die »Gruppe 47« Autoren wie Ilse Aichinger, Uwe Johnson, Ingeborg Bachmann, Wolfgang Borchert, Günther Eich, Heinrich Böll, Wolfgang Weyrauch, Wolfdietrich Schnurre und andere, die zumeist die NS-, Kriegs- und Nachkriegszeit in das Zentrum ihrer schriftstellerischen Arbeit stellten.

Wolfgang Koeppens *Tauben im Gras* bildet mit den beiden Romanen *Das Treibhaus* (1953) und *Tod in Rom* (1954) unter dem Gesamttitel *Trilogie des Scheiterns* eine thematische

Romantrilogie

Einheit, in der die Restaurationsphase der Bundesrepublik Deutschland kurz nach dem Ende des Zweiten Weltkriegs an exemplarischen Personen, Situationen und Geschichten dargestellt und reflektiert wird. Die drei Romane zählen zu den wichtigsten Werken der deutschen Nachkriegsliteratur. Der Publizist und Literaturkritiker Marcel Reich-Ranicki nahm *Tauben im Gras* in den 20 Bände umfassenden »Kanon« deutschsprachiger Romanliteratur auf und stellte das Werk auf eine Stufe etwa mit Johann Wolfgang Goethes *Die Leiden des jungen Werther*, Thomas Manns *Buddenbrooks*, Franz Kafkas *Der Proceß* und Günter Grass' *Die Blechtrommel.*

Wenn ein Werk wie *Tauben im Gras* kanonisiert und damit in die Liste der besten und wichtigsten literarischen Kunstwerke aufgenommen wird, so stellt sich die doppelte Frage nach seiner Besonderheit und nach seiner Allgemeingültigkeit. Inwiefern sollte ein Roman, der einen Ausschnitt der deutschen Zeitgeschichte spiegelt, dauerhaft ein (auch internationales) Publikum interessieren, das zu Beginn des 21. Jahrhunderts fern von der spezifischen Situation der deutschen Nachkriegszeit in einer globalisierten Welt lebt, in welcher etwa nach dem Zerfall des Warschauer Paktes und der Sowjetunion der Ost-West-Konflikt und die Spaltung Deutschlands längst aufgehoben sind? Die Antwort ist wie die Frage eine doppelte:

1. Wenn auch die konkrete historische Situation zu Beginn der 50er Jahre für die Leser der Gegenwart nicht unmittelbar relevant und für heutige Generationen völlig fremd ist, so verdeutlicht die Krisenhaftigkeit des geschichtlichen Moments zu Beginn der 50er Jahre die universale und

konstante Bedrohung menschlicher Existenz in einer unverändert brüchigen Wirklichkeit. Das Gefährdungspotenzial erscheint heute vervielfacht durch globale und seit langem absehbare Vorgänge wie die Überbevölkerung mit ihren katastrophalen Begleiterscheinungen von Hunger, Armut und Krieg, religiösem Fanatismus und Terrorismus. Die Verknappung natürlicher Ressourcen wie Wasser und Energie wird, wie bereits jetzt erkennbar, zu weltweiten Verteilungskämpfen, Fluchtströmen und Wanderungsbewegungen führen. Die ökologischen, sozioökonomischen und politischen Auswirkungen der Klimaerwärmung sind noch nicht abzusehen, lassen aber angesichts der bisherigen Ignoranz des Menschen gegenüber den erforderlichen Maßnahmen das Schlimmste befürchten, wenn die Überhitzung der planetaren Atmosphäre nicht durch Verzicht auf die bislang beanspruchten Standards der Mobilität, des Wohlstands und des Konsums so schnell wie möglich begrenzt wird.

Bedrohung menschlicher Existenz

2. Die Ereignisse zu Anfang der 50er Jahre des 20. Jahrhunderts werden in Koeppens *Tauben im Gras* nicht – wie im Zeitroman – einfach nur abgebildet, sondern sie sind lediglich die Folie, vor deren Hintergrund die vielfache Darstellung von Einzelschicksalen den Ausgangspunkt für grundsätzliche Fragen der menschlichen Existenz in Grenzsituationen bildet. Zwischen den Polen der Resignation (verkörpert durch den Schriftsteller Philipp) und der Illusion (verkörpert durch den Soldaten Washington Price) versuchen sich die Menschen in der Alltagswirklichkeit einer Metropole im Ausnahmezustand einzurichten, die nach Jahren der inneren Aushöhlung durch

Zwischen Resignation und Illusion

eine menschenverachtende Ideologie des völkischen und rassistischen Größenwahns von einer fremden Macht erobert wurde und nun von ihr besetzt gehalten wird. Dieser äußere Belagerungszustand eines städtischen Kollektivs korrespondiert mit der inneren Befindlichkeit von Menschen, deren Freiheitsspielraum durch interne und externe Zwänge so stark eingegrenzt ist, dass die Option ›Zukunft‹ höchste Anforderungen an die Überwindung persönlicher Krisen, Obsessionen, Ängste, Vorurteile und sonstiger negativer Gefühlsprägungen stellt.

Die Bilanz des Autors Wolfgang Koeppen ist ernüchternd, weil der Wiederaufbau der Stadt sich im Ergebnis nicht im Aufbau einer neuen zuversichtlichen Lebenshaltung bei den Menschen spiegelt. Das den Roman abschließende Wort von der »zerbrochene[n] Welt« (228) lässt keinen Spielraum mehr für geschichtliche und persönliche Entwürfe. Es ist Aufgabe des Lesers, in der Begegnung mit der Romanerzählung und ihren Personen zu einem eigenen, vielleicht auch weniger pessimistischen Standpunkt zu gelangen.

2. Inhalt

Der Roman bündelt unterschiedliche Geschehnisse, die einer Vielzahl von Personen im Verlauf eines einzigen Frühlingstages in einer süddeutschen Großstadt (vermutlich München) zu Beginn der 50er Jahre widerfahren. Ein flüchtiger Hinweis auf den Tod eines bedeutenden französischen Schriftstellers (»*André Gide gestern verschieden*«; 98) ermöglicht es, die Handlungen auf den 20. Februar 1951 zu datieren. Sie zeigen eine Gesellschaft in einer Umbruchphase zwischen Zerfall und Neuanfang zu einer Zeit, als trotz amerikanischer Finanzhilfen (Marshallplan) und Währungsreform noch großer Mangel an Arbeitsplätzen, Nahrung und Wohnungen herrscht und der Frieden erneut durch weltpolitische Konflikte gefährdet ist.

Die Großstadt – Bühne des Lebens

Die Darstellung der Ereignisse beginnt mit einer morgendlichen Ankleideszene im Schlafzimmer des prominenten, von übermäßigem Alkoholgenuss gezeichneten Schauspielers Alexander, der nach einer orgiastischen nächtlichen Feier mit der sexuell enthemmten Ehefrau Messalina, der alternden lesbischen Malerin Alfredo und der Prostituierten Susanne nun zu Dreharbeiten aufbricht. Von dieser trüben Initialszene aus ›zerfällt‹ die Handlung in die Wiedergabe der Tagesabläufe unterschiedlichster Personen, die sich an einer Vielzahl von Schauplätzen aufhalten und die Großstadt mit je eigenen Plänen, mitunter aber auch planlos durchstreifen. Zu ihnen gehören unter anderem Schriftsteller (Philipp, Edwin), US-amerikanische Soldaten (Washington Price, Odysseus Cotton, Kirsch), Lehrer und Lehrerinnen (Schnakenbach, Kay, Katherine Wescott, Mildred

Burnett) und Ärzte (Dr. Behude, Dr. Frahm). Ihre Routen und Aktivitäten kreuzen sich an zentralen Schauplätzen wie zum Beispiel in Hotels, Vortragssälen, Gaststätten, Stadien, Arztpraxen oder auf Plätzen, wobei die Begegnungen anonym, also ohne gegenseitige Identifizierung in der Masse, oder personal über Formen der zielgerichteten Aufnahme von Beziehungen ablaufen: Während beispielsweise Emilia, die Ehefrau des Schriftstellers Philipp, Händler aufsucht, um ihnen zur Gewährleistung ihres eigenen Lebensunterhalts Wertgegenstände aus ihrem Privatbesitz zum Verkauf oder als Pfandleihe anzubieten, wendet sich Carla Behrend an einen Arzt, um ihr Kind aus der Beziehung mit dem farbigen US-Soldaten Wahington Price abtreiben zu lassen.

Dramatischer Höhepunkt

Dramatischer Ziel- und Höhepunkt der Handlung ist ein Gewaltausbruch im späteren Verlauf des geschilderten Tages: Als der US-amerikanische Geschäftsmann und ehemals hochrangige Besatzungsoffizier Odysseus Cotton während einer touristischen Besichtigungs- und Vergnügungstour durch die Großstadt in einer Wirtschaft von der Prostituierten Susanne bestohlen wird, hält er den ihn seit Stunden begleitenden Kofferträger Josef für den Dieb und erschlägt ihn mit einem Stein. Während die deutsche und amerikanische Polizei nach dem Täter sucht, erzeugt die Nachricht vom gewaltsamen Tod des alten Mannes durch die Hand eines Schwarzen unter der Bevölkerung eine kollektive Hysterie. In der Annahme, dass es sich bei ihm um den »Mörder und seine Hure [Susanne]« (218) handle, greift die Menge den farbigen US-Soldaten Washington Price und seine deutsche Geliebte Carla Behrend mit Steinwürfen an. Heinz, der elfjährige Sohn des Opfers Carla Behrend aus deren erster Ehe mit einem im Krieg gefallenen deutschen

Frontsoldaten, wird zufällig Zeuge der Tat, während er gerade mit Ezra, dem gleichaltrigen Sohn des US-Amerikaners Christopher Gallagher, zusammen ist.

Am selben Tag zieht der berühmte Dichter Edwin mit einem Vortrag über »die Ewigkeit des Geistes, die unvergängliche Seele des Abendlandes« (44) ein großes Publikum an, zu dem auch der Schriftsteller Philipp und andere Protagonisten des Romans gehören. Während der Vortragende selbst an der Gültigkeit seiner kulturpolitischen Werte und Ideale zweifelt, bestätigen der Mord an einem rechtschaffenen Tagelöhner und das Verbrechen einer fanatisierten Volksmenge, dass Hass und Gewalt auch nach dem Ende des Nationalsozialismus als irrationale Triebmuster menschlichen Handelns weiterhin virulent sind. Die rassistisch motivierte Lynchjustiz markiert auch das Ende des Traumes von Washington Price, der als schwarzer Amerikaner mit einer weißen Deutschen Kinder haben und in der französischen Hauptstadt ein für alle Menschen zugängliches Restaurant eröffnen wollte.

3. Personen

Von den mehr als dreißig namentlich genannten Personen dominieren sieben als Handlungsträger das Geschehen. Sowohl die Haupt- als auch die Nebenfiguren sind durch höchst unterschiedliche Biographien und Charaktereigenschaften als Individuen ausgewiesen. Zugleich verkörpern sie aufgrund ihrer Zugehörigkeit zu verschiedenen Nationen, Generationen und sozialen Schichten typische Merkmale, die sie neben der statistischen Verteilung ihres Geschlechts, ihrer Hautfarbe oder ihrer politischen Einstellung als Repräsentanten des Bevölkerungsquerschnitts einer großstädtischen Gesellschaft in Deutschland zu Beginn der 50er Jahre erscheinen lassen. Kinder sowie Jugendliche und alte Menschen sind ebenso vertreten wie Angehörige der Unter-, Mittel- und Oberschicht. Das folgende Personenverzeichnis gibt einen nahezu vollständigen Überblick über die zahlreichen Romanfiguren.

Querschnitt durch die Bevölkerung

Paare

Der populäre und vermögende Filmschauspieler **Alexander**, der bereits während der Zeit der NS-Diktatur ein Star und privilegierter Künstler war, ist Hauptdarsteller in einer *»deutsche[n] Superproduktion«* (13), für die zum Zeitpunkt der Romanhandlung die Dreharbeiten durchgeführt werden. Die triviale Liebesgeschichte, die in dem Film erzählt wird, entspricht den einfachen Bedürfnissen des deutschen Massenpublikums nach sentimentaler Unterhaltung.

Alexanders Ehefrau **Messalina** verbringt ihre Zeit praktisch ausschließlich mit der Organisation von Feiern, bei denen Sex und Alkohol im Mittelpunkt stehen. Ihre hedonistische, d.h. bloß auf die momentane Lustbefriedigung gerichtete Einstellung ist der Grund dafür, dass sie ihr einziges Kind völlig vernachlässigt.

Hillegonda, die gemeinsame Tochter von Alexander und Messalina, leidet unter der Vernachlässigung durch ihre Eltern und unter dem religiösen Fundamentalismus der asketischen und kaltherzigen Kinderfrau **Emmi**, die mit dem Mädchen häufig zur Kirche geht, um es »der Hölle zu entreißen, der sie durch ihre Geburt schon verfallen war« (118). Die puritanische Strenggläubigkeit und der moralische Rigorismus der Kinderfrau repräsentieren die klerikalen Denk- und Handlungsmuster der zeitgenössischen Kirche, die, wie die Darstellung einer Messfeier unter der Leitung eines frierenden Priesters und die Karikierung der anwesenden Gläubigen als »verhärmte Mäuse« (15) deutlich machen, im bloßen Ritual den Bezug zum menschlichen Leben verloren hat.

Der aus Ostdeutschland stammende Schriftsteller **Philipp**[1] ist »Verfasser eines im Dritten Reich verbotenen und nach dem Dritten Reich vergessenen Buches« (55f.). Sein Leiden an der Misere der Nachkriegszeit hat bei ihm zu einer dauerhaften Schreibblockade geführt: »Philipp wußte das Zauberwort nicht. Er hatte es vergessen. Er hatte nichts zu sagen. Er hatte den Leuten, die draußen vorübergingen, nichts zu sagen. Die Leute waren verurteilt. Er war verurteilt. Er war in anderer Weise verurteilt als die vorübergehenden Leute. Aber er war auch verurteilt. Die Zeit hatte diesen Ort verurteilt. Sie hatte ihn zu Lärm und Schweigen verurteilt« (57). Als Philipp im Rahmen eines journalistischen Auftrags den amerikanischen Schriftsteller Mr. Edwin interviewen soll, wird er von den im Hotel anwesenden Fans und Pressevertretern erst für den berühmten Autor selbst und sodann für dessen Sekretär gehalten. Die »peinliche und [...] beschämende Szene« (98) einer Verwechslung unterstreicht in der Gegenüberstellung von Erfolg und Versagen Philipps Unfähigkeit, sich durch ein neues Werk als Künstler innerhalb der Gesellschaft zu etablieren.

Philipp lebt in einer konfliktreichen Ehe mit **Emilia**, der Enkelin eines großbürgerlichen, reichen Kommerzienrats und der Tochter eines Mannes mit nationalsozialistischer Gesinnung. Gemeinsam mit Philipp lebt sie in einer verwahrlosten Villa, träumt von einem schriftstellerischen Erfolg ihres Mannes, hält sich auf der Suche nach Abenteuern mit Vorliebe in Lokalen auf und betrinkt sich häufig.

Wegen kriegsbedingter Vermögensverluste, die möglicherweise auch durch die Währungsreform im Jahre 1948 verstärkt wurden, verfügt sie kaum über finanzielle Rücklagen und veräußert daher Wertgegenstände ihres Erbes in Antiquariaten und Pfandhäusern. Bei einem Juwelier, dem sie Schmuckstücke verkaufen will, lernt sie die junge amerikanische Touristin Kay kennen, mit der sie anschließend in eine Bar geht.

Emilia ist Patientin des Psychiaters Dr. Behude, weil sie offenbar nicht mehr in der Lage ist, den Verlust ihres ursprünglichen sozialen Status durch den Aufbau und die Verwirklichung eines neuen Lebensentwurfes selbstständig zu meistern.

Carla Behrend ist ehemalige »Sekretärin des Platzkommandanten« im »Wehrmachtsbüro« (48) und jetzt Angestellte der amerikanischen Transporttruppe. Sie heiratete 1939 im Alter von 18 Jahren, war zum Zeitpunkt der Trauung bereits schwanger und verlor ihren Mann im Krieg. Als alleinerziehende Mutter des elfjährigen Heinz erwartet sie ein Kind von dem dunkelhäutigen Besatzungssoldaten Price, der sie mit Dingen wie Seife und Kaffee versorgt, die in Deutschland unmittelbar nach dem Krieg als Luxusgüter galten.

Als Washington Price durch eine Intervention bei dem Arzt Dr. Frahm die von Carla geplante Abtreibung verhindert, kommt es zwischen ihr und dem Geliebten zu einer heftigen Auseinandersetzung, die mit einer Versöhnung endet: Carla erkennt den illusionären Charakter ihres Traums von einem luxuriösen Leben in den USA und willigt in Washingtons Plan ein, sich in Paris eine gemeinsame berufliche und familiäre Zukunft aufzubauen.

Carla Behrend repräsentiert die Generation jener Frauen, die den in der Nachkriegszeit herrschenden Arbeitskräftemangel entgegen der traditionellen Rollenverteilung durch eine berufliche Tätigkeit kompensieren mussten, um ihren eigenen und den Lebensunterhalt ihrer Kinder zu sichern. Nach dem kriegsbedingten Tod vieler Männer in der leistungsfähigsten Altersgruppe zwischen dem 25. und dem 40. Lebensjahr trugen Frauen beispielsweise auch durch die Beseitigung von Trümmern unmittelbar und in erheblichem Umfang zum Wiederaufbau Deutschlands bei.

Carla lebt in einer Beziehung mit dem farbigen US-Soldaten **Sergeant Washington Price**, von dem sie ein Kind erwartet. Trotz seines relativen Wohlstands benötigt Price Geld, um die Familiengründung mit einer deutschen Frau zu finanzieren, denn als professioneller Baseballspieler fühlt er sich für die Zeit nach dem Ende der Besatzung den physischen Anforderungen des Leistungssports nicht mehr gewachsen. Für die Zukunft plant er die Eröffnung eines Lokals in Paris.

Price hält telefonischen Kontakt zu seiner Heimatstadt Baton Rouge am Mississippi im US-Staat Louisiana, wo die Eltern in einem Schwarzenviertel leben und sein Vater Oberaufseher in einem Getreidesilo ist.

Das Paar Washington und Carla wird von einer aufgehetzten Volksmenge, die in dem farbigen Mann fälschlicherweise den Mörder des alten Josef zu erblicken glaubt, mit Steinwürfen attackiert.

Passanten

Price wird für den tatsächlichen Mörder **Odysseus Cotton** gehalten, der sich, aus Memphis/Tennessee kommend, zu einer Stippvisite in Deutschland aufhält, wo er – im Besitz eines lärmenden Kofferradios – den Ort der Romanhandlung in Begleitung des Gepäckträgers Josef durchquert. Er macht Station in Gaststätten, um dort Bier zu trinken und an Glücksspielen teilzunehmen. Er besteigt außerdem einen Turm und besucht ein Baseballspiel im Stadion.

Cotton tötet den ihn begleitenden Gepäckträger Josef, als er sich von ihm bestohlen glaubt; tatsächlich hat ihm die Prostituierte Susanne einen hohen Geldbetrag entwendet, die ihm nach dem Mord zur Flucht vor der Polizei verhilft.

Der annähernd 70 Jahre alte Gepäckträger **Josef** ist in ärmlichen Verhältnissen in seiner Geburtsstadt aufgewachsen, die er kaum jemals verlassen hat. Sein Lebensschicksal ist bestimmt durch die Einberufung zum Militärdienst im Ersten Weltkrieg und durch die Teilnahme an den langwierigen und mörderischen Stellungskämpfen in Frankreich. Während des Zweiten Weltkriegs starb sein Sohn, der ein Anhänger der nationalsozialistischen Ideologie war.

Josef ahnt seinen baldigen Tod voraus, während er mit dem Stadtbesucher Odysseus Cotton auf einer Tagestour unterwegs ist. Als er fälschlicherweise in Verdacht gerät, dem US-Amerikaner eine erhebliche Geldmenge gestohlen zu haben, stirbt er tatsächlich an den Folgen von Verletzungen, die ihm der Tourist zufügt.

Frau Behrend, Carlas Mutter, ist die Ehefrau eines von ihr getrennt lebenden Barmusikers, der als einst angesehener »Obermusikmeister der deutschen Wehrmacht« (194) in dem von den Deutschen besetzten Protektorat Böhmen und Mähren eine Liebesbeziehung mit der jungen Tschechin Vlasta begonnen hatte. Das Haus der Familie wurde bei Bombenangriffen zerstört und die Familie »aufgelöst«: »Die Bande waren gesprengt. Vielleicht hatte die Bombe nur gezeigt, daß es lockere Bande gewesen waren, der aus Zufall, Irrtum, Fehlentscheidung und Torensinn geknüpfte Strick der Gewohnheit. Carla lebte mit einem Neger, Frau Behrend in einer Mansarde mit den vergilbenden Noten der Platzkonzerte, und der Musikmeister spielte […] den Nutten auf« (113). Frau Behrend empfindet die Verbindung ihrer Tochter mit einem »Neger« als »Schande« (116) und personifiziert damit in besonderer Weise die Fortdauer des nationalsozialistischen Rassismus in der jungen Bundesrepublik Deutschland.

Heinz ist der elfjährige Sohn eines an der Ostfront verschollenen und vermutlich getöteten deutschen Soldaten. Der Junge steht in einem ambivalenten Verhältnis zum US-amerikanischen Geliebten seiner Mutter Carla: Er bewundert einerseits die sportlichen Qualitäten und den materiellen Besitz von Washington Price, fühlt sich aber andererseits durch die dunkle Hautfarbe des Mannes sozial geächtet.

Der 18-jährige **Richard Kirsch** ist deutsch-amerikanischer Soldat der US-Luftwaffe in Bayern. Er ist Sohn des ehemaligen Reichswehrsoldaten Wilhelm Kirsch, der aus einer zunehmend antimilitaristischen Gesinnung heraus noch vor der Machtergreifung der Nationalsozialisten in die USA ausgewandert war und jetzt als Waffenhändler in Columbus/Ohio tätig ist. Der Erzähler verweist selbst auf die paradoxe »Sonderlichkeit«, dass der »alte deutsche Reichswehrsoldat [...] ein mit Handfeuerwaffen handelnder Pazifist« (123) geworden ist. Richard Kirsch ist auf Wunsch seines Vaters in der Stadt auf der Suche nach Frau Behrend, die eine »ferne Verwandte« (133) der Familie Kirsch ist.

Richard Kirsch nimmt der US-amerikanischen Kultur gegenüber eine uneingeschränkt affirmative Haltung ein. Im Gegensatz zu dem amerikanischen Schriftsteller Edwin, der die abendländische Welt idealisiert, fühlt er sich als Bürger der Vereinigten Staaten dem alten Europa gegenüber zivilisatorisch überlegen.

Der international renommierte US-amerikanische Dichter **Edwin**[2] soll im Rahmen einer Vortragsreise durch Deutschland im Amerikahaus der Großstadt einen Vortrag über den Fortbestand der abendländischen Kultur und über die Bedeutung ihrer humanistischen Tradition in der Moderne halten. Als »Propagandist der geistigen Werte« (Treichel 2000: S. 96) lebt Edwin in einer klar konservativen Ausrichtung an der – insbesondere ästhetischen – Werteordnung der Vergangenheit (»Edwin liebte altmodische Unterkünfte, die Karawansereien des gebildeten Europas«; 107); allerdings erscheint er in seinem äußeren Habitus als eine eher exotische Persönlichkeit mit Zügen biederer Bürgerlichkeit: »Er schritt in schwarzroten Lederhausschuhen, in einen buddhistischen Mönchsmantel, sein Arbeitskleid, gehüllt, um den zierlichen Tisch herum, auf dem die verschmähten Eßgenüsse dampften und dufteten« (106). Mit einer spöttischen Distanz, die er bei keinem der anderen Protagonisten in vergleichbarem Ausmaß erkennen lässt, notiert der Erzähler bei der Darstellung Edwins die äußerliche Selbststilisierung eines Intellektuellen, der sich selbst »zur europäischen Elite« rechnet.

Das letzte Lebenszeichen des Dichters ist ein »kurzer kleiner Schrei« (226), nachdem er sich nachts in das Strichermilieu des großstädtischen Bahnhofs begeben hat und dort offenbar Opfer einer Gewalttat geworden ist.

Der Steueranwalt **Christopher Gallagher** aus Santa Ana in Kalifornien versucht vergeblich, seine sich zeitgleich in einem Hotel am Quai Voltaire in Paris aufhaltende Ehefrau **Henriette** zur gemeinsamen Übersiedlung in die Bundesrepublik Deutschland zu bewegen. Die Jüdin ist Tochter des Oberregierungsrats Friedrich Wilhelm Cohen, der in der Generaldirektion des Berliner Kaiser-Friedrich-Museums tätig war, bevor er mit seiner Ehefrau deportiert wurde. Henriette war Schauspielschülerin bei dem berühmten österreichischen Regisseur Max Reinhardt am Deutschen Theater und erhielt einen Preis als beste Schülerin ihres Jahrgangs. Sie wurde aus Deutschland ausgewiesen, führte ein »Wanderleben [...] in einer Emigrantentruppe in Zürich, Prag, Amsterdam und New York« (71) und arbeitete schließlich als Tellerwäscherin in Los Angeles. Zum Zeitpunkt ihrer Arbeitslosigkeit heiratete sie den Christen Christopher Gallagher, mit dem zusammen sie einen elfjährigen Sohn mit Namen Ezra hat.

Ezra, elfjähriger Sohn von Christopher Gallagher, verlangt von seinem Vater zehn Dollar, um von Heinz Behrend einen Hund zu kaufen, den dieser gar nicht besitzt. Als es zwischen den beiden Jungen im Streit um das Tier zu einem Kampf kommt, bei dem sie von einer Mauer stürzen und sich verletzen, wird der Unfall von einer aufgehetzten Volksmenge in Unkenntnis der wirklichen Umstände des kindlichen Konflikts und seiner harmlosen Folgen zur »Mär« eines Kapitalverbrechens aufgebauscht: »Die Neger hatten ein neues Verbrechen begangen. Sie hatten ein Kind in die Ruinen gelockt und es erschlagen. Die Polizei war am Tatort. Die verstümmelte Leiche des Kindes war gefunden worden« (208).

Die amerikanischen Lehrerinnen **Kay** (21 Jahre), **Katherine Wescott** (38 Jahre) und **Mildred Burnett** (45 Jahre) befinden sich auf einer Deutschlandreise und besichtigen am Tag der Romanhandlung die Großstadt. Die drei Touristinnen wollen alles sehen, erleben aber nichts, und nur die Jüngste ahnt, dass es etwas zu erleben gibt.

Die Jugendlichen **Schorschi, Bene, Kare** und **Sepp** hatten als Hitlerjungen für die Winterhilfe gesammelt; sie blieben nach dem Krieg ohne Schulabschluss, Ausbildungsplatz und Arbeit, so dass sie sich zum Zeitpunkt der Romanhandlung ihren Lebensunterhalt durch Kleinkriminalität (Schwarzhandel, Diebstahl usw.) verdienen (vgl. 22 f.). Während sie sich als Strichjungen prostituieren, treffen sie auf den US-amerikanischen Dichter Edwin, der Opfer ihrer Gewalt wird.

Dr. Frahm war in der Zeit des Nationalsozialismus Militärarzt und ist nun Facharzt für Frauenheilkunde und Chirurgie. Schwangere Frauen lassen von ihm Abtreibungen vornehmen.

Dr. Behude, der während des Zweiten Weltkriegs Militärarzt an der Ostfront war, arbeitet nun als Facharzt für Psychiatrie und Neurologie, ist aber wegen eines Überangebots an Ärzten in einer prekären finanziellen Situation.

Schnakenbach, ein ehemaliger Gewerbelehrer im Fach Chemie, hat sich der Einberufung zum Militärdienst im Zweiten Weltkrieg durch vorsätzliche Vergiftung mit aufputschenden Medikamenten entzogen. Wegen seiner Tablettenabhängigkeit ist er berufsunfähig und lässt sich von dem Psychiater Dr. Behude rezeptpflichtige »Belebungsmittel« (124) verschreiben, um nicht fortwährend einzuschlafen. Schnakenbach versucht experimentell, ein Gegenmittel gegen seine Schlafsucht zu entwickeln.

Die Prostituierte **Susanne**, wiederholter Gast bei den von Messalina organisierten Partys im Haus des Schauspielers Alexander, löst durch einen Taschendiebstahl eine Welle des Hasses und der Gewalt aus. Als ihr Opfer Odysseus Cotton in der Annahme, dass sein Kofferträger Josef ihm einen hohen Geldbetrag entwendet habe, den alten Mann erschlägt und die Flucht vor der Polizei ergreift, hilft sie dem farbigen Geschäftsmann zu entkommen.

Soziale Desintegration

Die nur in knappen Porträts mögliche Übersicht über die vielen einzelnen Romanfiguren führt über die Tatsache individueller Krisen und Sinndefizite zu der Feststellung, dass die wechselseitigen Beziehungen der dargestellten Menschen mindestens prekär (z. B. Christopher und Henriette Gallagher), zumeist aber problematisch oder sogar – wie im Falle des Mutter-Tochter-Verhältnisses zwischen Carla und Frau Behrend – zerstört sind.

Positive Ausnahme

Den einzigen Fall einer positiven Entwicklung hin zur Vision vom Aufbau einer neuen und echten partnerschaftlichen Beziehung repräsentieren Washington Price und Carla Behrend. Wenn auch möglicherweise nicht unbedingt von einer wirklichen Liebe im Verhältnis der beiden zueinander gesprochen werden kann, so planen sie doch den Aufbruch in eine gemeinsame familiäre und berufliche Zukunft. Das Projekt zerbricht mit dem gewaltsamen Tod des Paares.

Negative Utopie

Auf der anderen Seite verdichtet sich im Bild der körperlichen Vereinigung zwischen dem Mörder Odysseus Cotton und der Prostituierten Susanne zum Abschluss des Romans die negative Utopie eines paradiesischen Naturzustands, in dem ein dunkelhäutiger Mann und eine hellhäutige Frau »nackt und schön und wild [...] unschuldig auf einem Floß [liegen], das in die Unendlichkeit segelt[]« (223). Dass der Erzähler jedoch im leidenschaftlichen »Taumel der Vermischung« von Mann und Frau keinen Gegenentwurf zur heillosen Welt der Menschen in der Nachkriegszeit zeichnet, sondern in endloser sexueller Erfüllung nur ein Trugbild entwirft, wird in der Gleichsetzung Susannes mit mythischen Figurationen einer den Menschen ins Verderben stürzenden Verführung (»Kirke die Sirenen«) sowie im Vergleich von Odysseus mit einem »Teufel« und von Susanne mit einem »langbeinige[n] Vamp« (223) offenkundig. Die Brüchigkeit der ›Liebes‹-Szene erweist sich zudem in der Fragilität der »Kammer« (223) des von Bomben zerstörten Hauses, wo sich der Amerikaner und die Deutsche aufhalten.

4. Aufbau und Erzählform

Schon der Beginn des Romans offenbart auf den ersten Blick die Absicht des Autors zu einer bewusst außergewöhnlichen Gestaltung seines Werkes, welche die Aufmerksamkeit des Lesers steigert, zugleich aber die Lektüre erschwert: »Flieger waren über der Stadt, unheilkündende Vögel. Der Lärm der Motoren war Donner, war Hagel, war Sturm. Sturm, Hagel und Donner, täglich und nächtlich, Anflug und Abflug, Übungen des Todes, ein hohles Getöse, ein Beben, ein Erinnern in den Ruinen. Noch waren die Bombenschächte der Flugzeuge leer. Die Auguren lächelten. Niemand blickte zum Himmel auf.« (9)

Experimentelle Erzählformen

Die dichte Abfolge von knappen und vordergründig unverbundenen Informationen, die Komplexität der Bilder, Metaphern und Motive und das subtile Spiel mit Gegensätzen deuten mit dem Thema von Gewalt und Tod zugleich auch einen ausgeprägten Formwillen an, der den Roman in einem sehr hohen Maße als Ergebnis einer Konstruktion zeigt. Der Schriftsteller bricht mit konventionellen Mustern des einfachen Erzählens, indem er – in Anbindung an innovative Erzählformen wie etwa in den Großstadtromanen von James Joyce (*Ulysses*; 1922), John Dos Passos (*Manhattan Transfer*; 1925) und Alfred Döblin (*Berlin Alexanderplatz*; 1929) – »zwei Verfahren der modernen Literatur ein[setzt]: multiperspektivisches Erzählen und Fragmentierung des Geschehens« (Ochs 2004: S. 128).

Perspektiven- und Schauplatzwechsel

An die Stelle einer durchgängigen Fabel mit einem einzigen oder nur wenigen

Helden treten die Geschichten von über 30 Personen sowie »102 disparate Erzählsequenzen, deren Geschehnisse oft simultan ablaufen und sich zu etwa 20 Handlungssträngen mit gemeinsamen Protagonisten bündeln lassen, innerhalb deren die Chronologie gewahrt bleibt. In der Summe haben die einzelnen Handlungsstränge das Geschehen von 18 Stunden eines einzigen Tages [...] zum Gegenstand der Erzählung« (Koch 1993: S. 42).

In einer kaleidoskopartigen Übersicht über unterschiedliche existenzielle Krisensituationen von Menschen der unmittelbaren Nachkriegszeit vermittelt der Erzähler eine panoramatische Schau[3], die in der Vielheit der Schauplätze, Personen und Gedankengänge eine erzählerische Einheit schafft.

Kohärenz im Formalen

Die **Synthese des Disparaten** leistet der Autor auf der formalen Ebene durch unterschiedliche **Strategien der Verklammerung** von Abschnitten. Dazu gehören

- die Wiederholung eines Signalwortes oder mehrerer Wörter aus einem vorausgehenden in dem sich anschließenden Abschnitt. Im folgenden Beispiel verdichtet sich die Wiederholung bis zur Kombinierung zweier Begriffe (Schreie, Sirenen) in einer Metapher (Schreie der Sirenen):

  »Die Polizisten auf dem Platz hörten die Schreie. Die deutschen Polizisten hörten die Schreie, und die amerikanischen Militärpolizisten hörten die Schreie. Auch die Negerpolizisten hörten die Schreie. Die Sirene des amerikanischen Polizeijeeps schrillte. Die Sirenen der deutschen Streifenwagen antworteten.

Die Schreie der Sirenen drangen in den Bräuhaussaal und entzündeten die Biergeister.« (208)

- die Wiederaufnahme eines Bildmotivs aus dem Schlussteil eines Abschnitts zu Beginn des folgenden Abschnitts, ohne dass ein innerer Zusammenhang besteht:
  »Die Händlerin lüftete die Käseglocke; die Zersetzung war schon fortgeschritten; ein Fäulnisgestank erhob sich.

  Philipp dachte an die Oderbrücke. Es war eine Brücke unter Glas. Der Zug fuhr über die Brücke wie durch einen gläsernen Tunnel. Die Reisenden erbleichten. Das Licht fiel wie durch Milch gefiltert in den Tunnel; aus der Sonne wurde ein blasser Mond. Philipp rief: ›Jetzt sind wir unter der Käseglocke!‹« (144)
- die Fortsetzung eines abgebrochenen (Gedanken)Satzes im folgenden Abschnitt, ohne dass zwischen den Gedankenträgern ein direkter äußerer oder innerer Kontakt besteht:
  »[Emilia] umarmte Kay, sie küßte Kay, und als sie Kays Lippen berührte, dachte sie ›herrlich, so schmeckt die Prärie‹ –

  – ›wie in einem Wildwestfilm‹, überlegte Messalina.« (161)

Netzbildung durch Bilder und Motive

Neben der Verknüpfung von Erzählabschnitten durch diverse Techniken der Überleitung erzeugt auch die **leitmotivische Wiederholung von Einzelheiten** innerhalb der Gesamtheit der Geschichten den äußerlich-vordergründigen Eindruck einer Kontinuität. Dazu gehören unter vielen anderen Beispielen Objekte wie etwa das Kofferradio von Odysseus Cotton oder die wiederholte

Zitierung beispielsweise von Titeln US-amerikanischer Pop- und Jazzmusik, die das Zeitkolorit zu Beginn der 50er Jahre sinnlich fassbar machen.

Ringkomposition

Indem der Erzähler im Schlussteil des Romans das Bildinventar vom Romananfang wieder aufnimmt, erweitert er die kompositorische Klammerfunktion markanter Details um die ›ideologische‹ Funktion einer negativen Zustandsbeschreibung der politischen und mentalen Situation der deutschen Gesellschaft zu Beginn der 50er Jahre. In der Form einer **Zirkelstruktur** bestätigen und verstärken die den Roman abschließenden Darlegungen noch einmal die Ängste und Probleme, welche bereits zu Beginn des Romans dessen raumzeitlichen Horizont verdeutlicht hatten.

Intertextuelle Bezüge

Zum **Konstruktcharakter** des Romans zählen auch der Einbau von Schlagzeilen aus Zeitungen (»*Eisenhower inspiziert in Bundesrepublik, Wehrbeitrag gefordert*«; 10) und Zeitschriften (»*Alexander spielt den Erzherzog*«; 12) sowie die Einfügung von Romantiteln aus dem Bereich der Trivial- und der Hochliteratur (»*Das Schicksal greift nach Hannelore*«; 20; »*les fleurs du mal*«; 34), sodann die Nennung von Musiktiteln (»*Night-and-day*«; 26, 28, 29, 32), Filmtiteln (»*Unsterbliche Leidenschaft*«; 42) Redewendungen und Schlagwörtern (»*Soldatentod ist der schönste Tod*«; 22), Reklametexten (»*Dachgarten über den Ruinen Cocktailstunde*«; 42) und Verbotstafeln (»*Für Schwarze verboten*«; 63).

Montagetechnik und Zeitmosaik

Die durch Kursivdruck hervorgehobenen Zitate markieren mit der Form der **Montagetechnik** – auf der Darstellungsebene – die zeitgeschichtliche und mediale Wirklichkeit zum Zeitpunkt der Romanhandlung und deren Wahrnehmung durch die Romanfiguren sowie – auf der Bedeutungsebene – die Zersplitterung der Welt in der Vervielfachung der Sinneseindrücke.

Die **Dialektik von Einheit und Vielfalt** spiegelt sich auch in anderen typischen Stilmerkmalen des Textes. So ist etwa die Struktur des Romans in auffälliger Weise durch die **parataktische Organisation der Sätze** bestimmt und damit durch die Aneinanderreihung von knappen Informationen, welche im folgenden Beispiel den Marktmechanismus des Kaufhandels verdeutlicht: »Frau de Voss zeigte Edwin eine Rosenholzmadonna. Die Madonna hatte Philipp gehört. Emilia hatte sie Frau de Voss verkauft. Edwin betrachtete die Madonna durch die Lupe. Er fragte nach dem Preis der kleinen Madonna. Frau de Voss flüsterte den Preis. Emilia sollte den Preis nicht hören.« (148)

Enumerative Satzstruktur

Die Nebeneinanderstellung von knappen vollständigen und unvollständigen Aussage- und Fragesätzen dient in Koeppens Roman sehr häufig zur Wiedergabe eines Bewusstseinsstroms: »Keine Verklärung, keine Aufklärung, kein Licht der Wahrheit. Wo lag Philipp? Im verdunkelten Zimmer. ›Er läßt mich träumen, kleiner Traumdoktor kleiner Psychotherapeut, sitzt nebenan und füllt meine Karteikarte aus, meine Traumkarte, kleiner Psychobürokrat, trägt ein: Philipp träumt, träumt von Wiesen, Urlaub und Sommerglück, laß doch die Wiesen, ich bin bei Frau Holle eingeladen […]‹« (150ff.).

Darstellung der Innenwelten

Insbesondere das in der modernen epischen Literatur mittlerweile gängige **Gestaltungsmittel des Bewusstseinsstroms** (*stream-of-consciousness*) durchbricht zur Wiedergabe von Gedanken, Gefühlen, Erinnerungen und Eindrücken nicht nur grammatische und zeiträumliche Ordnungen, sondern neigt – wie im Fall des oben zitierten Begriffs des ›Psychobürokraten‹ – auch zur Um- und Neugestaltung konventioneller Sprachmuster im lexikalischen Bereich. Doch auch in regulären Textabschnitten zur Beschreibung oder Kommentierung von Sachverhalten tauchen **neue Wortschöpfungen** wie »Lustroß« oder »Droschkenkutscherteint« (11) auf, in denen durch die Verbindung von zwei oder mehr Substantiven (»Zeitsee«; 21; »Tannenbaumzauber«; 11) oder durch Kombinationen von Adjektiven mit Adjektiven (»fischgesichtig, flunderhäuptig«; 114) und von Adjektiven mit Substantiven (»heimwehtoll«; 25 f.) Bilder und Metaphern geschaffen werden, die ebenso wie sprachspielerische Konstruktionen (»die hatte er gefischt, aufgefischt, abgetischt«; 12) die Künstlichkeit der Ausdrucksform betonen.

Neologismen

Viele der Neologismen ergänzen die große Zahl von Wörtern, die eine insgesamt negative Weltsicht dokumentieren. Das in Koeppens Romanen häufig anzutreffende **Vokabular mit pejorativer Ausprägung** (»Lumpenprinzessinnenpelz«; 93; »Behausungsmaschinen«; 107; »Schwachsinngespräch«; 109) lässt sich »Themenkreisen wie Angst, Ekel, Verfall, Tod, Isolation und Beklemmung zuordnen. Unterstützt wird die Wortwahl oft durch lautmalerische Mittel wie *Alliterationen* oder die *Reihung klangähnlicher Wörter*« (Ochs 2004: S. 145).

Chiffren der Negativität

Wolfgang Koeppens *Tauben im Gras* weist eine sprachliche und formale Artistik auf, die im Ergebnis den Eindruck hochgradiger Künstlichkeit erzeugt. Während ein mosaik-

Fiktion des Fremden – befremdende Fiktion

artiges Handlungsgerüst – auf der Inhaltsebene – im Nebeneinander von Einzelschicksalen die Isolation und Einsamkeit scheiternder Anti-Helden im Verlauf eines einzigen Tages vergegenwärtigt, betont der Erzähler auf der Darstellungsebene die eigene Distanz zum Geschehen und zu den Personen durch eine Fülle abstrakter Formen der stilistischen und sprachlichen Verdichtung, welche dem Leser den Aufbau von Nähe zu den Romanfiguren oft erschweren. In der stakkatohaften Abfolge von unterschiedlichsten Stilfiguren aus dem Arsenal der Rhetorik bedient sich der Erzähler einer Redeweise, die, wie z. B. in der Darstellung von Edwins Gang ins Strichermilieu (224), einen dekorativ-ornamentalen Charakter annimmt und dadurch künstlich wirkt.

Erzählsituation – Nähe und Distanz

Ein anschauliches Beispiel dafür, dass die Selbstentfremdung der Protagonisten kaum zur Identifikation führt, sondern eher Befremden hervorruft, bietet das nächtliche Zusammensein des Schriftstellers Philipp mit der jungen amerikanischen Lehrerin Kay im Zimmer eines billigen Hotels. Während die **personale Erzählsituation** des Satzes »Er schloß die Tür des Zimmers, und er sah, daß sie fror« (226) zum Abschluss des Romans tatsächlich doch noch eine romantische Liebesszene einleiten könnte, lösen die in der **Form der erlebten Rede** folgenden Überlegungen des Mannes die mögliche Illusion eines *happy end* in abrupter Weise auf: »Das häßliche Einbettzimmer, der schäbige Raum mit den billigen Schleiflackmöbeln, diese geschmacklose Einrichtung aus der Fabrik, war das die poetische Behausung, das Heim des deutschen Dichters?« (226). Die emotionale Unfähigkeit zu positiven Gefühlen erscheint hier aus der Perspektive des Mannes als das Produkt einer industrialisierten Welt seriell hergestellter Konfektionswaren, gründet aber, wie die **auktorialen Einschübe** deutlich machen, mehr in der ohnmächtig-aggressiven Natur männlicher Gewaltphantasien: »Er durfte jetzt nicht versuchen, zärtlich zu sein; er mußte sie niederwerfen, wie ein Kalb im Hof des Schlächters; er mußte sie niederwerfen, ›damit sie was von der Absteige hat‹. Verdorrt. Erstarrt. Er fühlte sich alt und fühlte sein Herz erkalten.« (226.)

Der Leser findet in den Erlebnissen der Romanfiguren und in den erzählten Ereignissen den Geschichtspessimismus des Erzählers, der zu Beginn und zum Ende des Romans ein düsteres Bild vom Zustand der Welt zeichnet, bestätigt.

5. Wort- und Sacherläuterungen

5 **Gertrude Stein:** Die amerikanische, aus einer wohlhabenden deutsch-jüdischen Familie stammende und ab 1902 meist in Paris lebende Schriftstellerin Gertrude Stein (1874–1946) prägte für die Autoren Hemingway, Dos Passos, Andersen und Fitzgerald die Bezeichnung *Lost generation.* Das Zitat **Pigeons on the grass alas,** das dem Roman vorangestellt ist, stammt aus Steins lyrischem Drama *Four Saints in Three Acts* aus dem Jahre 1929. Dort heißt es in Akt III, Szene II: »Pigeons on the grass alas. / Pigeons on the grass alas. / short longer grass short longer longer shorter yellow grass. Pigeons large pigeons on the shorter longer yellow grass alas pigeons on the grass.«
In seiner Rechtfertigung des »europäische[n] Geistes« als der »Zukunft der Freiheit« (214) wendet sich der Schriftsteller Edwin gegen Gertrude Stein, deren Bild von den auf das bloß biologische Dasein reduzierten Tieren er als nihilistischen Ausdruck einer gottlosen, sinnlosen und zufälligen Existenz verwirft.

9,6 **Auguren:** Gemeinschaft römischer Priester, welche aus ihrer Beobachtung des Vogelflugs Rückschlüsse auf den Willen der Götter ableiteten.

9,21 f. ***Schah*:** persischer Herrschertitel. Die Hinweise auf eine Heirat und auf ***Intrigen um den Pfauenthron*** beziehen sich auf Machtkämpfe um die Erdölpolitik im Iran: Als der iranische Premierminister Mohammed Mossadegh im Jahre 1951 die Ölindustrie des Landes gegen die Profitinteressen des britischen Energiekonzerns BP verstaatlichte, führte ein internationaler Boykott des iranischen Öls insbesondere durch die USA und durch

Großbritannien zu einer nationalen Wirtschaftskrise und zu einem erheblichen Staatsdefizit. Der mächtigste Gegner Mossadeghs und seiner nationalistischen sowie antiwestlichen Politik war der von den Amerikanern unterstützte und im Exil lebende persische Königsherrscher Schah Mohammad Reza Pahlavi.

10,25 **Acquisiteure:** Kundenwerber für Anzeigen in Zeitungen.

10,31 **Epauletten:** Schulterstück, das auf den Uniformen von Militärangehörigen deren Dienstgrad (Gefreiter, Offizier usw.) ausweist.

Schärpe: dekoratives Kleidungsstück: um Schulter oder Hüften getragenes breites Band.

10,31–33 **das goldene Vlies, Orden del Toison de oro, Aureum Vellus, das Lammfell auf dem Feuerstein:** Der Orden vom Goldenen Vlies war ein im 15. Jahrhundert gestifteter burgundischer Ritterorden, dessen Ziele die Erhaltung des katholischen Glaubens, der Schutz der Kirche und die Wahrung ritterlicher Werte waren. Die Mitgliedschaft in dieser exklusiven Gemeinschaft von ursprünglich maximal 30 Würdenträgern wurde in der Folgezeit mehr und mehr zu einem Privileg, das die Kaiser als Belohnung für besondere Verdienste verliehen. Ordenszeichen war ein an einer Kette hängendes goldenes Widderfell, das als Motiv auf einen antiken Mythos zurückging.

11,3 **Tannenbaumzauber:** ironische Metapher zur Bezeichnung von Orden und Abzeichen auf einer Uniform.

11,16 **Messalina:** Valeria Messalina (ca. 25 – 48 n. Chr.), dritte Frau des römischen Kaisers Claudius, ist in der Geschichtsschreibung zur Antike bekannt für ihr äußerst triebhaft-zügelloses und gewalttätiges Leben.

11,25 **Gorgo:** auch Meduse, Grauen erregende weibliche Gestalt der griechischen Mythologie, deren Anblick den Betrachter in Stein verwandelte.

12,10 **Susanne im Bade:** biblische Frauengestalt des Alten Testaments (Daniel 13,1–64). Die schöne und fromme Ehefrau des reichen Babyloniers Jojakim wird beim Bad im Garten von zwei Gästen des Hauses sexuell bedrängt, widersetzt sich jedoch der Vergewaltigung. Durch die Behauptung der beiden alten Männer, sie beim Ehebruch überrascht zu haben, wird Susanna zum Tode verurteilt, entgeht jedoch der Hinrichtung dadurch, dass ihr Ehemann die Ankläger der Falschaussage überführt.

15,3 **Meßkanon:** Der Römische Messkanon (*Canon Missae* bzw. *Canon Romanus*) bezeichnet das Hauptgebet der Heiligen Messe: Der Priester bringt Gott die eucharistischen Gaben Brot und Wein dar, die nach katholischem Glauben in die wirkliche Gegenwart des Leibes und Blutes Christi verwandelt werden.

15,6 **Alchimist:** Person, die versucht, unedle Stoffe in Gold zu verwandeln.

15,23 **Erinnyen:** Rachegöttinnen der griechischen Mythologie, die in der römischen Literatur als *Furiae* bezeichnet werden. Eine von ihnen (Teisiphone) erscheint in antiken Darstellungen als Figur mit Hundekopf und Fledermausflügeln.

16,3 **Bienenstock des Teufels:** Die Metapher entstammt vermutlich dem 1926 in Frankreich und erst 1950 in deutscher Übersetzung erschienenen Roman *Die Sonne Satans* (*Sous le Soleil de Satan*) des französischen Schriftstellers Georges Bernanos (1888–1948).

16,7 **Luna:** (lat.) Mond.

17,14 **rachitische Gelenke:** Rachitis: durch Mangel an Vitamin D verursachte Deformation des Skeletts bei Säuglingen und Kleinkindern.

17,24 **Freischütz:** Die romantische Oper *Der Freischütz* des Komponisten, Dirigenten und Pianisten Carl Maria von Weber (1786–1826) galt schon bald nach der Uraufführung im Jahre 1821 als erste deutsche Nationaloper.

17,32 **Orpheus:** bekanntester Sänger der griechischen Sage.

17,33 **Mars:** römischer Kriegsgott.

18,2 f. **Paukenwirbel der Wolfsschlucht:** bekannte Szene aus Webers Oper *Der Freischütz* mit Darstellungen der Verführung zum Bösen.

20,5 **Karavelle:** mittelalterliches Segelschiff des 14. bis 16. Jahrhunderts.

20,23 f. **Arabeske:** rankenförmige Verzierung.

20,25 **S. M.:** Abkürzung für ›Seine Majestät‹.

20,27 **Luisenverein:** auch Königin-Luise-Bund, kaisertreue Frauenorganisation, die sich seit ihrer Gründung im Jahre 1923 für nationalistische und monarchistische Ziele engagierte.

20,29 **Germania:** kriegerische weibliche Symbolfigur und nationale Personifikation Deutschlands, besonders im 19. Jahrhundert dargestellt.

21,2 **Masuren:** ehemals ostpreußische, seit 1945 nordpolnische Seenlandschaft.

22,5 **Lichtspiele:** veralteter Ausdruck für Kino.

22,16 **Winterhilfe:** Die nationalsozialistische Hilfsorganisation sammelte Geld, Lebensmittel, Brennstoffe und Kleidung für Arbeitslose und Hilfsbedürftige.

22,17 **Flak:** Abkürzung für ›Flugabwehrkanone‹.

21,33 **Legion:** Kurzbezeichnung für die französische Fremdenlegion, ein selbstständiges Truppenkontingent aus Freiwilligen aus über 136 Nationen, die als Zeitsoldaten der französischen Streitkräfte dem französischen Staatspräsidenten unterstehen. Nach ihrer Gründung im Jahre 1831 durch den König Louis Philippe sicherten sie vor allem die afrikanischen Kolonien Frankreichs. Zum Zeitpunkt der Veröffentlichung des Romans *Tauben im Gras* belief sich die Truppenstärke auf ca. 36 000 Soldaten.

22,35 **Annamiten:** Vietnamesen. Das südostasiatische Vietnam war von 1883 bis 1954 frz. Kolonie.

23,2 f. **Brodem:** von heißen Flüssigkeiten aufsteigender Dampf.

23,3 **Kasematten:** gegen feindlichen Beschuss gesicherter Raum in Festungen.

23,20 **Caliban:** Als fiktive Figur in William Shakespeares Theaterstück *Der Sturm* personifiziert Caliban mit seiner primitiven und triebgesteuerten Natur den Gegensatz zu einem kultivierten Menschen.

23,28 **stygisch:** Adjektiv zu dem Fluss Styx in der Unterwelt der griechischen Mythologie. Das Wort bedeutet ›schauerlich‹, ›kalt‹.

25,2 **sich kasteien:** sich (zur Buße) Entbehrungen auferlegen.

25,23 **Pan war tot:** Das Bild vom Tod des Hirtengottes der griechischen Mythologie, eines Mischwesens aus menschlicher und animalischer Natur (halb Mensch, halb Ziegenbock) bedeutet hier, dass den Menschen die leidenschaftliche Lebenszugewandtheit verloren gegangen ist.

25,32 **Ninive, […] Babylon, Sodom:** Namen von biblischen Städten, die gewaltsam zerstört wurden.

26,23 f. **Richter Lynch:** Charles Lynch (1783–1853), US-amerikanischer Politiker und Gouverneur des Bundesstaates Mississippi, betrieb die Verschärfung des Strafrechtes und die häufigere Anwendung der Todesstrafe.

Der Begriff der Lynchjustiz geht auf seinen Namen zurück.

26,23 f. **Gettysburg:** amerikanische Kleinstadt in Pennsylvania, die 1883 zum Schauplatz der entscheidenden Schlacht im amerikanischen Bürgerkrieg wurde.

26,24 **Lincoln zieht in Richmond ein:** Nach der Abspaltung der sklavenhaltenden Südstaaten führte der Präsident Abraham Lincoln (1809–1865) die Nordstaaten im amerikanischen Bürgerkrieg zum Sieg und betrieb die Sklavenbefreiung. Am 5. April 1865 traf er in Richmond, der Hauptstadt der konföderierten Südstaaten, ein, bevor wenige Tage später der Bürgerkrieg beendet war.

26,27 ***Night-and-day*****:** Liebeslied aus dem Film-Musical *The gay divorce* (1934) des US-amerikanischen Komponisten Cole Porter (1891–1964).

27,23 **Heringsdorf:** Gemeinde an der Küste der Ostsee-Insel Usedom.

28,26 **Knobelbecher:** umgangssprachliche Bezeichnung für Marschstiefel.

28,28 f. **Verdun, Argonnerwald, Chemin-des-Dames:** Schlachtorte des Ersten Weltkriegs in Frankreich.

29,30 **libidinös:** sexuell.

32,34 **Limehouse-Blues:** Titel einer Jazz-Komposition aus dem Jahre 1922.

33,8 **Triptychon:** dreiteiliges Altarbild.

33,9–11 **Iphigenie:** ist in der griechischen Mythologie die älteste Tochter des Königs Agamemnon und seiner Frau Klytämnestra sowie die Schwester von Orest und Elektra. Die Göttin Artemis verhindert die Weiterfahrt von Agamemnons Kampfflotte nach Troja. Zur Beendigung der Windstille soll Iphigenie der Göttin geopfert werden; sie stirbt jedoch nicht, sondern wird von Artemis nach

Taurien entrückt; statt ihrer legt die Göttin eine **Hirschkuh** auf den Opferaltar.

33,14–16 **Pharus-am-Meer-des-Lebens […] Bismarcks-Gedanken-und-Erinnerungen:** Buchtitel.

34–35 [Auflistung von bekannten Personen, Buchtiteln, Gemälden, Orten und Ereignissen: vgl. Checkliste Aufgabe 3.]

39,14 **Phospheros:** griechischer Name der römischen Lichtgottheit **Lucifer.**

39,20 **Wacht am Rhein:** nationalistisches, gegen Frankreich gerichtetes Lied der Deutschen im 19. Jahrhundert.

40,25 f. **Bahama-Joe:** Titel eines Songs aus dem Jahre 1944.

49,34 f. **Bund Deutscher Mädel:** Der BDM war in der Zeit des Nationalsozialismus der weibliche Zweig der Hitlerjugend (HJ). Die Mitgliedschaft war für alle 10- bis 18-jährigen Jugendlichen Pflicht.

43,7 **Feh:** graues Fell des russischen Eichhörnchens.

43,13 **Plaid:** karierte Reisedecke.

43,29 **Platen:** deutscher Dichter (1796–1835).

43,29–30 **Winckelmann:** deutscher Archäologe und Kunstgelehrter (1717–1768).

43,29–30 **Stefan George:** deutscher Lyriker (1868–1933).

44,6 **Impresario:** veraltete Bezeichnung für Theater- und Konzertagenten.

46,16 **Pervitin, Benzedrin:** stimulierende Drogen, Dopingmittel.

47,3 **halbpart zu machen:** zu teilen.

49,36 **Bing Crosby:** berühmter US-amerikanischer Sänger und Schauspieler (1904–1977).

50,2 **Pullmanwagen:** luxuriös ausgestatteter Salon- und Schlafwagen der amerikanischen Eisenbahn.

50,6 **Insurancegesellschaft:** Versicherungsgesellschaft.

51,8 **Vikar:** Stellvertreter in einem geistlichen oder schulischen Amt.

51,13 **Katheder:** Lehrerpult, Podium.

53,15 **Retirade:** Toilette.

60,26 **Narwik, Dietl:** Unter dem Oberbefehl von Eduard Dietl erzielten etwa 4500 Soldaten im norwegischen Narwik 1940 einen Sieg über die zahlenmäßig weit überlegenen Truppen der Alliierten.

60,27 f. **Cyrenaika, Libysche Wüste, Rommel:** Mit dem Propaganda-Begriff »Afrikafeldzug« bezeichneten die Nationalsozialisten die militärischen Operationen Deutschlands und Italiens gegen die Alliierten in Libyen, Ägypten und Tunesien von 1940 bis 1943. Unter dem Oberbefehl des Generalleutnants Erwin Rommel stellte sich das Deutsche Afrikakorps auf die Seite Italiens, um nach dessen Niederlage gegen die britischen Truppenverbände im östlichen Gebiet Libyens (Cyrenaika) den Kampf gegen die Briten aufzunehmen.

61,27 f. **verlorener Sohn, kein Kalb war zu schlachten:** Bezugnahme auf Jesu Gleichnis vom verlorenen Sohn (Lukas 15,11–32), der sein Erbe verprasst und schließlich in Reue nach Hause zurückkehrt, wo der Vater zu seinem Empfang ein großes Fest veranstaltet. In *Tauben im Gras* greift der Erzähler die biblische Geschichte auf, um sie unter Hinweis auf den vieltausendfachen Tod junger deutscher Soldaten im Zweiten Weltkrieg negativ zu wenden: Die jungen Männer kehren nicht aus der Ferne zu ihren Eltern und Familien zurück, sondern sterben an der Front.

62,33 **Rahel:** Ehefrau des alttestamentarischen Patriarchen **Jakob**, der mit seinem Großvater Abraham und mit seinem Vater Isaak zu den Erzvätern der Israeliten zählt und sieben Jahre lang um Rahels Hand warb.

64,4 f. **Nebukadnezar, Belsazar:** Im Alten Testament wird Belsazar als Sohn des neubabylonischen Königs Nebukadnezar II. (640–562 v. Chr.) genannt, dem eine geisterhafte Schrift an der Wand seines Palastes (Menetekel) das Ende seiner Herrschaft voraussagt.

64,30 **gotische Fraktur:** gebrochene Druckschrift.

65,6 **Schnösel:** dummfrecher Junge.

65,7 **Gonokokken:** Bakterienart, die insbesondere die Geschlechtskrankheit der Gonorrhoe (Tripper) auslöst.

65,21 **Feldarzt:** Militärarzt.

65,36 **Amenorrhöe:** Ausbleiben der Monatsblutung.

66,12–15 **Indikation:** hier: Schwangerschaftsabbruch aus Gründen einer (finanziellen, materiellen) Notlage (**soziale Indikation**) sowie aus Gründen einer drohenden Fehlbildung oder Behinderung des Fötus (**eugenische Indikation**) oder wegen einer bestehenden Gefährdung von Leben und Gesundheit der Schwangeren (**medizinische Indikation**).

69,35 **Renoir:** Pierre Auguste Renoir (1841–1919), französischer Maler des Impressionismus.

70,27 **Dreimonatskaiser:** der deutsche Kaiser und König von Preußen Friedrich Wilhelm III. war beim Tod seines Vaters am 9. März 1888 so schwer an Krebs erkrankt, dass seine Regentschaft nur 99 Tage betrug, bevor sein Sohn Wilhelm II. den Thron bestieg.

70,28 **Gören:** umgangssprachlich für kleine (ungezogene) Mädchen.

70,28 f. **Rangen:** umgangssprachlich für wilde, ungebärdige Kinder.

70,29 f. **Lyzeum:** ehemals höhere Mädchenschule.

Reinhardt: Max Reinhardt (1873–1943), berühmter österreichischer Theaterregisseur und Intendant (Leiter von Theatern).

71,5 **Freier von Eichendorff:** *Die Freier* (1833), Lustspiel des Schriftstellers Joseph von Eichendorff (1788–1857).

71,33 **friderizianisch:** Adjektiv zu der lateinischen Namensform *Fridericus* des preußischen Königs Friedrich I. (der Große).

74,4 **Kurfürst:** Friedrich III. von der Pfalz, auch der Fromme genannt, stammte aus dem bayerischen Herrscherhaus der Wittelsbacher und war von 1559 bis 1576 pfälzischer Kurfürst. Als überzeugter Anhänger der Reformation stellte er sich gegen die Lutheraner auf die Seite der Reformierten.

74,4 **Religionskriege:** Der Begriff bezeichnet speziell die Konfessionskriege des 16. und 17. Jahrhunderts zwischen Anhängern des katholischen und des protestantischen Glaubens.

75,7 **Landser:** umgangssprachliche Bezeichnung für deutsche Heeressoldaten.

75,19 **Sybaritentum:** luxuriöses Lotterleben.

79,11 **Grammophon:** veraltete Bezeichnung für Plattenspieler.

79,20 **Barras:** allgemeine Bezeichnung für das Militär und für die deutsche Wehrmacht im Besonderen.

82,11 f. **Afrikakämpfer, Ostfrontmann:** Bezeichnung für deutsche Soldaten, die im Zweiten Weltkrieg in Afrika und Osteuropa kämpften.

82,25 f. **Rommelsoldat:** Johannes Erwin Eugen Rommel (1891–1944) befehligte während des Zweiten Weltkriegs im Jahre 1941 als Generalleutnant das Deutsche Afrikakorps bei den Kämpfen in Nordafrika.

83,5 **Tommys:** abwertende Bezeichnung für britische Soldaten.

83,5 **Rosinenkacker:** auch Korinthenkacker: Schimpfwort für kleinliche und zugleich rechthaberische Menschen.

83,8 **Zehnerlheft:** billiges Heft.

83,15 **Schiras:** iranische Großstadt 700 km südlich von Teheran, berühmt für ihre Blumen- und insbesondere Rosengärten.

83,16 **Hafis:** in Schiras geborener persischer Dichter (1319 bis um 1389).

87,22 **Hymen:** griechischer Hochzeitsgott; Jungfernhäutchen.

88,24 **Negerhimmel von Ellington:** bezieht sich vermutlich auf einen der vielen Musiktitel des bedeutenden schwarzen Jazz-Komponisten, Pianisten und Bandleaders Duke Ellington (1899–1974).

90,1 **Boheme:** unbürgerliches, ungebundenes Künstlerleben.

90,22 **Agonie:** Todeskampf.

91,3 **Kehricht:** Schmutz oder Abfall, der beim Kehren mit dem Besen zusammengetragen wird.

92,2 **Synkope:** sprachwissenschaftlicher Begriff zur Bezeichnung des Ausfalls eines unbetonten Vokals zwischen zwei Konsonanten im Wortinneren, z. B. »ich handle« statt »ich handele«. Als medizinischer Fachbegriff bezeichnet er eine kurze Bewusstlosigkeit.

92,7 **Pluto:** hier im Sinne von Plutos, dem Gott des Reichtums in der antiken Mythologie.

92,36 **Styx:** Fluss der Unterwelt in der griechischen Mythologie.

93,28 **Kalvariengang:** Leidensweg. Der Kalvarienberg,

auch Golgatha genannt, ist Ort der Kreuzigung von Jesus vor den Stadttoren Jerusalems.

96,8 **Oger:** Menschenfresser.

98,10 **Redaktionselevin:** veraltete Bezeichnung für eine Frau in der praktischen Ausbildung bei einem Verlag.

104,4 **Walstatt:** Kampfplatz, Schlachtfeld.

106,12 **deuchte ihm:** veralteter Ausdruck in der Bedeutung von ›erschien ihm‹.

107,14 **Karawanserei:** Unterkunft für Karawanen.

107,15 f. **Lawrence Sterne:** bedeutendster englischer Schriftsteller (1713–1768) zwischen Aufklärung und Empfindsamkeit, gilt mit der Wiedergabe feinster psychologischer Nuancen und mit dem komplexen Aufbau des Handlungsgerüsts als Vorläufer des modernen Romans.

107,17 f. **Herman Bang:** dänischer Erzähler (1857–1912) im Stil des literarischen Impressionismus.

Hofmannsthal: Der Dichter Hugo von Hofmannsthal (1874–1929) gehört zu den bedeutendsten Vertretern des österreichischen Impressionismus und Symbolismus.

107,20 f. **Corbusier-Architektur:** Der französisch-schweizerische Architekt, Städteplaner und Maler Le Corbusier (1887–1965) prägte den noch heute modernen Baustil durch funktionelle Strukturformen und Formenvielfalt.

107,31 **Tapisserien:** Wandteppiche.

107,35 **Siel:** schmaler Durchlass in einem Deich.

108,29 f. **das abgeschlagene Haupt der Medusa:** monströse Gestalt der griechischen Sage mit Flügeln, Schlangenhaaren, langen Eckzähnen, einem Schuppenpanzer, glühenden Augen und heraushängender Zunge. Ihr Anblick ließ den Betrachter zu Stein erstarren. Erst Perseus gelang es, sich der schlafenden Medusa unbemerkt zu nähern und sie zu enthaupten.

109,9 **Clio Mercurius:** greift die vorherige Wendung »Historie Wirtschaft« mythologisierend auf: Klio war die göttliche Muse der Geschichtsschreibung, Merkur galt als Schutzgottheit der Händler und Kaufleute.

109,19 **Piranesi:** Der italienische Kupferstecher und Architekt Giovanni Battista Piranesi (1720–1778) wurde insbesondere mit 16 verfremdeten Darstellungen von Gefängnisräumen (*Carceri*) berühmt.

110,35 ***Physiologie du goût, ou méditations de gastronomie transcendante:*** (dt.: *Physiologie des Geschmacks: Oder Betrachtungen über das höhere Tafelvergnügen*) Titel des bekanntesten, im Jahre 1826 veröffentlichten Werkes des französischen Gastronomen Jean Anthelme Brillat-Savarin.

113,5 **Moloch:** gnadenlose, alles verschlingende Macht.

116,25 **Bankert:** veralteter Ausdruck zur abwertenden Bezeichnung für ein uneheliches Kind.

117,27 **Eid des Hippokrates:** dem griechischen Arzt Hippokrates (etwa 460–370 v. Chr.) zugeschriebenes Gelöbnis, mit dem sich Mediziner zur Einhaltung von ethischen Grundsätzen beim Umgang mit Patienten verpflichten. Dazu gehören unter anderem die Absage an Maßnahmen zur Tötung ungeborener Kinder (Abtreibung) oder todkranker Menschen (Euthanasie).

120,5 **Öffentliche Häuser:** Bordelle.

120,14 **Epheben:** altgriechische Bezeichnung für junge Männer nach Abschluss der Pubertät.

121,13 **Werg:** Flachs-, Hanfabfall.

123,5 f. **die Seecktsche Schulung:** Der deutsche General Hans von Seeckt (1866–1936) setzte als Gegner der parlamentarischen Demokratie die Reichswehr gegen Sozialisten und Kommunisten ein. Unter Seeckts Führung wurde die Reichswehr während der Zeit der Weimarer Republik durch die ständige Simulation von Kampfoperationen zum Kern einer militärischen Großmacht ausgebildet.

123,34 **Atavismus:** abwertender Begriff zur Bezeichnung von Gefühlen und Gedanken, die einem primitiven und längst überholten Menschheitsstadium entstammen.

124,23 **Kommiß:** umgangssprachliches Wort für Militär und Militärdienst.

128,1 **stormy-weather:** Titel eines Liebesliedes aus dem Jahre 1933, das vor allem in den Interpretationen durch Billie Holiday und Ella Fitzgerald bekannt wurde.

129,16 **Rotzbibben:** abwertender Ausdruck für kleine Kinder.

140,16 **Semmelweis:** Der ungarische Gynäkologe Ignaz Philipp Semmelweis (1818–1865) erkannte die Ursache und Ansteckungsweise des Kind- oder Wochenbettfiebers. Durch die von dem Frauenarzt empfohlenen Hygienemaßnahmen zur Vorbeugung gegen die bakterielle Infektion wurde das Erkrankungs- und Sterberisiko von Frauen nach der Geburt eines Kindes deutlich gesenkt.

148,20 **Berliner Manufaktur:** Gemeint ist die Königliche Porzellan-Manufaktur Berlin aus dem Jahre 1763.

149,8 f. **Voltaire:** Der französische Schriftsteller und Philosoph (1694–1778) gilt als einer der wichtigsten Denker der europäischen Aufklärung und mit seiner Kritik an Absolutismus, Feudalismus und Klerikalismus als Wegbereiter der Französischen Revolution. Er nahm im Jahre 1750 die Einladung des preußischen Königs Friedrich II. (Friedrich der Große) nach Potsdam an, wo er vorübergehend seine historiographischen Arbeiten fortsetzte, bevor es zum Zerwürfnis mit dem preußischen Regenten kam.

149,12 **Alkoven:** Bettnische, Nebenraum.

150,19 f. **Don Gil (von den grünen Hosen):** spanische Verwechslungskomödie aus dem Jahre 1617.

150,26 **Ophelia:** weibliche Figur aus William Shakespeares Tragödie *Hamlet*.

151,18 **Hercules schlug die Hydra:** Die mythologische Gestalt des Herakles oder Herkules gilt als altgriechischer Nationalheld. Die Vernichtung der Hydra, eines schlangenähnlichen, neunköpfigen Ungeheuers, zählte zu den insgesamt zwölf sagenhaften Abenteuern, die der für seine Kraft berühmte Mann zu bestehen hatte.

152,23 f. **Thomas Münzer:** deutscher evangelischer Theologe (1490–1525), der sich mit der Zielsetzung der Verwirklichung des Reiches Gottes auf Erden an die Spitze aufständischer Bauern stellte, daraufhin im Mai 1525 verhaftet, gefoltert und hingerichtet wurde.

Max Hölz: kommunistischer deutscher Politiker (1889–1933), wurde nach der Initiierung eines Aufstandes in Mitteldeutschland zu einer lebenslangen Gefängnisstrafe verurteilt. Nach seiner Freilassung im Jahre 1928 war er wieder für die Kommunistische Partei Deutschlands (KPD) aktiv, bevor er 1929 nach Moskau übersiedelte.

152,34 **recherche-du-temps-perdu:** (dt.: *Auf der Suche nach der verlorenen Zeit*) Anspielung auf den Titel des zwischen 1913 und 1927 erschienenen Hauptwerks von Marcel Proust, dessen thematischer Schwerpunkt Zeit und Erinnerung sind.

153,9 **tribadisch:** lesbisch.

153,30 **Kapaun:** kastrierter Masthahn.

155,20 **Schinder:** auch: Abdecker; Person, die berufsmäßig Pferde tötet und die Kadaver entsorgt.

156,11 **Guerlainduft:** bekanntes Parfum.

157,12 f. **Kirke und die Sirenen:** Kirke, Zauberin der griechischen Mythologie, verwandelt Fremde, die ihre Insel Aia betreten, in Tiere. So verzaubert sie auch die Gefährten des Odysseus in Schweine, bricht jedoch den Bann, als der berühmte Troja-Krieger ihre Gunst erlangt.
Ebenso wie Kirke verfügen auch die vogelgestaltigen Fabelwesen der Sirenen in Homers Epos über übernatürliche Kräfte: Sie verführen Seeleute, die an ihrer Insel im Tyrrhenischen Meer vorüberfahren, durch ihren unwiderstehlichen Gesang zur Landung und töten sie. Odysseus entkommt der magischen Musik durch einen Trick. Die Sirenen verkörpern in der christlich-moralisierenden Mythendeutung die Bedrohung des Menschen durch sinnliche Verführungen und das Bedürfnis nach (sexueller) Triebbefriedigung.

175,14 **Nausikaa:** Die Tochter des Phäakenkönigs Alkinoos stellt den schiffbrüchigen Odysseus ihrem Vater vor. Gemäß der Darstellung in Homers *Odyssee* verliebt sie sich in den Unbekannten.

158,14 **Rockefeller:** Der amerikanische Erdölmagnat John D. Rockefeller (1839–1937) gilt als einer der reichsten Männer der Weltgeschichte.

159,18 **Parvenü:** Emporkömmling, Neureicher.

165,4 **Turko:** afrikanischer Soldat in der französischen Armee.

167,12 **MP:** Abkürzung für *Military Police.*

168,16 **Sankt-Elmsfeuer:** eine seltene, durch elektrische Ladungen erzeugte Lichterscheinung.

168,31 f. **Taormina:** kleine süditalienische Stadt mit Resten eines römischen Theaters.
Agrigent: Stadt auf Sizilien, berühmt wegen ihrer antiken

dorischen Tempel in der von einer antiken Mauer umgebenen Altstadt.

173,4 f. **Dr. Jekyll und Mr. Hyde in der Geschichte von Stevenson:** Die Novelle aus dem Jahre 1886 erzählt vom Doppelleben eines Mannes, der als hoch angesehener und erfolgreicher Arzt zugleich ein Mörder ist.

173,9 **Xanthippe:** Gattin des griechischen Philosophen Sokrates und Inbegriff der schlecht gelaunten, streitsüchtigen Frau.

181,36 **Jett:** Schmuckstein aus versteinerter Kohle.

183,7 **Pentagon:** Sitz des US-amerikanischen Verteidigungsministeriums.

186,3 **Philologe:** Sprach- und Literaturwissenschaftler.

186,9 f. **Jacob Burckhardt:** schweizerischer Kunst- und Kulturhistoriker (1818–1897). In seinen kulturpessimistischen *Weltgeschichtlichen Betrachtungen* (1905) deutete er von einem konservativen humanistischen Standpunkt aus die politischen, technischen und sozialen Tendenzen seiner Zeit in einer kritischen Weise.

186,17 **Sprengel:** kirchlicher (Pfarrei, Diözese) oder weltlicher Amtsbezirk.

189,22 **ein Schmarren:** abwertender Ausdruck zur Bezeichnung der Bedeutungslosigkeit einer Sache oder eines Sachverhalts.

189,30 **Koryphäen:** Personen mit herausragenden Fähigkeiten und Fertigkeiten.

191,28 **Demosthenes:** lebte 384–322 v. Chr. und war einer der großen attischen Redner.

192,24 **nubische Legionäre:** römische Soldaten afrikanischer Herkunft aus dem Gebiet des oberen Niltales.

197,19 **Glühwürmchen-flimmere:** Radioapparate der ersten Generation besaßen ein sogenanntes ›magisches Auge‹ oder auch ›Katzenauge‹. Die Leuchtanzeige diente als Kontrollsignal für die Betriebstemperatur der Röhren, die beim Anschalten des Gerätes ca. 30 Sekunden bis zur Betriebsbereitschaft benötigten. Möglicherweise ist mit dem Begriff des ›Glühwürmchenflimmern‹ aber auch die beleuchtete Radioskala mit den Senderangaben gemeint.

198,15 **Kommis:** veraltete Bezeichnung für einen Gehilfen.

198,35 **Fest des Gottes Gambrinus:** ironisches Bild zur Bezeichnung eines Trinkgelages: Gambrinus gilt nach einer spätmittelalterlichen Legendenbildung als Erfinder des Bieres und Schutzherr der Bierbrauer und -trinker.

199,16 **Fama:** Gerücht.

211,8 f. **Planck:** Der deutsche Nobelpreisträger Max Planck (1858–1947) gilt als einer der bedeutendsten Physiker des 19. und 20. Jahrhunderts; er begründete die Quantentheorie.

de Broglie: Die Brüder Louis Victor (1892–1987) und Maurice de Broglie (1875–1960) waren beide bedeutende französische Physiker, von denen der erste den Anstoß zur Entwicklung der Wellenmechanik durch den Österreicher Erwin **Schrödinger** (1887–1961, Nobelpreis 1933) gab und im Jahre 1929 den Nobelpreis für Physik erhielt.

Jeans: Der britische Mathematiker, Physiker und Astronom James Jeans (1877–1946) widmete sich als Professor in Princeton, Cambridge und London Fragen der Entstehung und des inneren Aufbaus der Sterne.

Jordan: Der deutsche Physiker Pascual Jordan (1902–1980) trug maßgeblich zur Entwicklung der Quantenmechanik sowie zur Erforschung der Quantenelektrodynamik, der Relativitätstheorie und der Quantenbiologie bei.

211,11 **Nietzsche:** Der deutsche Philosoph Friedrich Nietzsche (1844–1900) gilt als Wegbereiter einer Existenz- und Lebensphilosophie, der gemäß der menschlichen Vernunft eine letzte Einsicht in das Wesen der Dinge grundsätzlich verwehrt ist und Sinngebungen lediglich auf ideellen Setzungen beruhen. Nietzsches Auffassung von der Vorrangigkeit des Handelns und der praktischen Vernunft radikalisiert sich mit der Abkehr von den traditionellen jüdisch-christlichen Werten und Wertvorstellungen (Mitleid, Wohlwollen, Glaube, Nächstenliebe usw.) im Konzept des Übermenschen, der sich selbst und seine Sinnsetzungen überwindet.

212,4 f. **Summa theologiae der Scholastik:** Die *Summa theologica* oder auch *Summa theologiae* (dt.: *Summe der Theologie*) gilt als das wichtigste Werk des Thomas von Aquin, der in dieser zwischen 1265 und 1273 entstandenen Veröffentlichung eine systematische und vernunftorientierte Glaubenslehre entwickelt.

212,9 **Augustin:** Der Heilige Aurelius Augustinus (354–430 n. Chr.), seit 396 n. Chr. Bischof der antiken nordafrikanischen Stadt Hippo (heute: Annaba in Algerien), gilt als einer der wichtigsten Begründer der christlichen Glaubenslehre und damit als Kirchenvater. In seiner Theologie entwickelte er die Prädestinationslehre von der göttlichen Bestimmtheit des Menschen zum ewigen Leben sowie die Lehre der Erbsünde und der ewigen Bestrafung der Sünder in der Hölle.

Anselm: Der Heilige Anselm von Canterbury (1033–1109) setzte sich in seinem theologischen Hauptwerk mit der göttlichen Erlösung des Menschen auseinander.

213,36 **Thomas:** Gemeint ist der berühmte italienische Kirchenlehrer, Theologe und Philosoph Thomas von Aquin (1225–1274), (vgl. 212,4 f.).

Pascal: Der französische Philosoph, Mathematiker und

Physiker Blaise Pascal (1623–1662) zog sich nach einem mystischen Erweckungserlebnis im Jahre 1654 in das Kloster Port Royal südlich von Paris zurück, wo er sich in seinen Schriften unter anderem gegen das reine Vernunftdenken der Schultheologie wandte und ihr die unmittelbare religiöse Erfahrung des inneren persönlichen Erlebens als angemessenen Weg der Gotteserkenntnis entgegenstellte.

Kierkegaard: Der dänische Theologe, Schriftsteller und Philosoph (1813–1855) beschäftigte sich in seinen Werken mit existenziellen Fragen der Möglichkeit zur Synthese von Endlichkeit und Unendlichkeit im Lebensverlauf. Zentrale Aspekte von Kierkegaards christlicher Existenzdeutung sind die Kategorien Angst, Freiheit und Entscheidung sowie das Selbst des Menschen.

213,36 **Preziosen:** Kostbarkeiten, Schmuck(stücke).

214,5 **Kalamitäten:** Missstände, Notlagen.

214,30 **Epigonen:** Nachahmer eines Kunstwerkes, die ohne eigene schöpferische Ideen sind.

sublim: feinsinnig.

219,15 **Kentaur:** Mischgestalt der griechischen Sagenwelt mit menschlichem Oberkörper und Pferdeleib. Theseus, König von Athen, verhinderte während der Hochzeitsfeier seines Freundes Peirithoos, dass die ebenfalls eingeladenen Kentauren die versammelten Frauen entführten.

219,22 **Piranesi:** italienischer Kupferstecher (1720–1778), (vgl. 109,19).

222,30 **Porta Nigra von George:** Von dem Dichter Stefan George (1868–1933) stammt folgendes Gedicht, das im Titel auf den Namen des römischen Nordtores in Trier Bezug nimmt:

Porta Nigra (1907)

Dass ich zu eurer zeit erwachen musste
Der ich die pracht der Treverstadt gekannt
Da sie den ruhm der schwester Roma teilte –
Da auge glühend groß die züge traf
Der klirrenden legionen – in der rennbahn
Die blonden Franken die mit löwen stritten –
Die tuben vor palästen und den Gott
Augustus purpurn auf den goldnen wagen!
Hier zog die Mosel zwischen heitren villen …
O welch ein taumel klang beim fest des weines!
Die mädchen trugen urnen lebensschwellend –
Kaum kenn ich diese trümmer – an den resten
Der kaiserlichen mauern leckt der nebel –
Entweiht in särgen liegen heilige bilder –
Daneben hingewühlt barbarenhöhlen …
Nur aufrecht steht noch mein geliebtes tor!
Im schwarzen flor der zeiten doch voll stolz
Wirft es aus hundert fenstern die verachtung
Auf eure schlechten hütten (reisst es ein
Was euch so dauernd höhnt!) auf eure menschen:
Die fürsten priester knechte gleicher art
Gedunsne larven mit erloschnen blicken
Und frauen die ein sklav zu feil befände –
Was gelten alle Dinge die ihr rühmet:
Das edelste ging euch verloren: blut …
Wir schatten atmen kräftiger! Lebendige
Gespenster! Lacht der knabe Manlius …
Er möchte über euch kein zepter schwingen
Der sich des niedrigsten erwerbs beflissen
Den ihr zu nennen scheut – ich ging gesalbt
Mit perserdüften um dies nächtige tor
Und gab mich preis den söldnern der Cäsaren!

224,16 **Oscar Wildes goldene Nattern:** Der englische Schriftsteller Oscar Wilde (1854–1900) polemisierte in seinen Komödien gegen die gesellschaftlichen Konventionen und bürgerlichen Moralbegriffe der viktorianischen Zeit. Sein Roman *Das Bildnis des Dorian Gray* (1891) stellt einen skrupellosen Genussmenschen dar, der an seinen Lastern zugrunde geht.

224,17 **Sokrates:** Der berühmte griechische Philosoph (ca. 470 – 399 v. Chr.) versuchte durch radikales Hinterfragen zur Erkenntnis der Wahrheit zu gelangen. Im Gegensatz zu den kosmologischen Spekulationen der Naturphilosophen und zu der rhetorischen Überredungskunst der Sophisten war Sokrates' lebensphilosophisches Bemühen um eine überzeugende Erkenntnis der Dinge darauf ausgerichtet, zwischen Wissen und ethisch richtigem Handeln eine Übereinstimmung herzustellen.

224,17 **Alkibiades:** Der athenische Staatsmann und Feldherr (ca. 450–404 v. Chr.) war ein Schüler des Sokrates. Beide unterhalten sich in Platons Dialog *Das Gastmahl* über das Wesen des Eros.

227,23 **Fanal:** Ereignis, das als bedeutungsvolles Zeichen für eine Veränderung angesehen wird.

6. Interpretation

Die Dokumentation eines von rauschhafter Triebhaftigkeit und Ernüchterung bestimmten Daseins markiert gleich am Anfang der Romanhandlung, als der Schauspieler Alexander sich nach einer orgiastisch durchfeierten Nacht widerwillig auf die Anforderungen des neuen Tages vorbereitet, den Kontrast von Lebenshunger und Lebensüberdruss, der auch die Einstellungen und Verhaltensweisen einer Vielzahl anderer Personen innerhalb der erzählten Geschichte prägt.

Lebenshunger und Lebensüberdruss

Während sich beispielsweise der Schriftsteller Philipp in einem fortwährenden Zustand der Antriebslosigkeit und der Verzweiflung weder durch eine Psychotherapie noch durch eine Begegnung mit der jungen amerikanischen Lehrerin Kay aus einer depressiven Grundstimmung der Resignation und des existenziellen Ekels befreien kann, sehnt sich seine ursprünglich wohlhabende, nun aber durch den kriegsbedingten Verfall von Vermögenswerten verarmte Ehefrau Emilia weiterhin nach materiellem Wohlstand und gesellschaftlichem Ansehen. Zwischen exzessivem Alkoholkonsum und Maßnahmen der Lebenssicherung durch den Verkauf von Erbgütern hin- und herschwankend, wirkt sie in ihrem Verhalten insgesamt labil und lebensuntüchtig.

Ebenso ambivalent wie Emilias Charakter ist auch derjenige von Carla Behrend, die – wie Emilia – der Illusion eines neuen und luxuriösen Lebens verfällt, seit sie mit dem US-amerikanischen Soldaten Washington Price liiert ist. Auch Carla stammt aus einer Familie, welche der nationalsozialistischen Ideologie eng verbunden war und in der Zeit des Dritten Reiches ein hohes Sozialprestige besaß. Die Nahrungsmittelknappheit und der Mangel an Gebrauchsgütern des alltäglichen Lebens, der mehrere Jahre zurückliegende Tod ihres Mannes an der Ostfront und die Verantwortung für die Erziehung ihres elfjährigen Sohnes Heinz lassen sie in der Nachkriegszeit der materiellen und sexuellen Verführungskraft ihres dunkelhäutigen Vorgesetzten erliegen, der von Beruf Profisportler, jedoch infolge des Krieges zum Zeitpunkt der Romanhandlung als Soldat in der amerikanischen Besatzungszone in Süddeutschland stationiert ist. Carla Behrend plant die Abtreibung des gemeinsamen Kindes, weil sie sich zwar nach einer besseren Zukunft sehnt, unter den gegebenen Bedingungen jedoch für sich keine neue Lebensperspektive mehr erkennt. Viele von den Romanfiguren »leiden an sozialer Desintegration, an privaten und politischen Identitätskrisen; ihnen fehlen neue Perspektiven und solidarische Beziehungen; sie leben zum Teil deklassiert, vielfach unter schwierigsten materiellen Verhältnissen, am Rande des Existenzminimums« (Koch 1993: S. 46).

Fremdbestimmung des Menschen

Die Mehrzahl der Menschen sind nur noch in einem begrenzten Umfang Subjekte ihres Handelns und erfahren sich entsprechend als bloße Objekte der (geschichtlichen) Ereignisse. Dies gilt in besonderer Weise für die jüdische Exilantin Henriette Gallagher, die sich nach der Deportation und Ermordung ihrer Eltern durch die Nationalsozialisten entgegen dem Wunsch ihres Ehemannes nicht mehr zu einer Rückkehr nach Deutschland entschließen kann. Die einzige Person, die noch als buchstäblicher Handlungsträger zu positiven Entscheidungen fähig ist, ist

Untergang des Hoffnungsträgers

Washington Price, dessen Entwurf von einem privaten Glück jenseits rassistischer Vorurteile mit dem eigenen und dem gewaltsamen Tod der schwangeren Geliebten zerstört wird. Ansonsten entsprechen die Menschen dem Titelbild der *Tauben im Gras*, das die anonyme Masse derjenigen bezeichnet, die sich »ziellos, vereinzelt und ohne erkennbare Ordnung« (Ochs 2004: S. 129) durch den Roman bewegen. In den beiden Textstellen, die das Tiermotiv des Titels präzisieren (vor allem 214), nimmt das Bild der Vögel eine geschichts- und existenzphilosophische Bedeutung an, wenn es dort Anlass zu Gedanken über die Beliebigkeit und Zufälligkeit des Lebens gibt.

Romantitel

Das Dasein der Menschen ist im Wesentlichen negativ durch Verlusterfahrungen bestimmt. Während die Halbwüchsigen Wiggerl, Schorschi, Bene, Kare und Sepp den abhanden gekommenen Führerglauben und die brutalen Kriegserlebnisse von Tod und Vernichtung nicht nur durch Macht- und Gewaltphantasien, sondern auch durch kriminelle Aktivitäten kompensieren (vgl. 22 f.), fühlt sich Emilia inmitten der Überreste ihrer glücklichen Vergangenheit wie aus dem Paradies »vertrieben« (30). Der Verlust von Kindheit und Jugend ist zumeist an den gewaltsamen Tod von Familienmitgliedern gekoppelt: Mit der Vernichtung von 6 Millionen Juden und dem millionenfachen Militäreinsatz von deutschen Männern im Zweiten Weltkrieg haben Kinder ihre Eltern (Henriette Gallagher, Heinz Behrend), Eltern ihre Kinder (Josef) und Frauen ihre Ehemänner (Carla Behrend) sowie – außerhalb des Familienkreises – Freunde verloren (Philipp). Das fehlende Dach über dem Kopf wird zum Ausdruck der Unbehaustheit und der Heimatlosigkeit des Menschen, dessen Grundstimmung von Orientierungslosigkeit und Zerfall geprägt ist.

Die Großstadt als Handlungsort bildet demnach das Sammelbecken für Personen, deren Identität ebenso massiv beschädigt ist wie ihre Beziehungsfähigkeit. Erscheinen sie in der literarischen Gestaltung noch als Individuen mit einem je eigenen Schicksal, so wirken sie doch nicht als solidarische Schicksalsgemeinschaft, sondern als isolierte Figuren in einer gesichtslosen und allgegenwärtigen Masse, von der es heißt: Sie »rieben sich aneinander, übervorteilten einander, handelten, schufen, bauten, gründeten, zeugten, saßen in der alten Kneipe, atmeten den vertrauten Brodem, beobachteten das Revier, den Paarungsplatz, den Nachwuchs der Asphaltgassen, Gelächter und Zank und das Radio der Nachbarn, sie starben im Städtischen Krankenhaus, wurden vom Bestattungsamt hinausgefahren, lagen auf dem Friedhof an der Ost-Süd-Kreuzung, von Straßenbahnen umbimmelt, benzindunstumschwelt, glücklich in der Heimat« (26).

Identitätsverlust in der Masse

Die ironische Etikettierung der Stadt als »Heimat« im Schlussteil des zitierten Abschnitts steigert sich in der sarkastischen Beschreibung einer alkoholisierten »Volks- und Völkergemeinschaft«, die sich in der »Gemütlichkeit des Bräuhauses« (198) zu einer hasserfüllten und gewaltbereiten »Volksstimme« (208) gegen einen imaginären Feind erhebt, dessen Erkennungszeichen einzig die schwarze Hautfarbe ist (»Ein Neger hatte gemordet, Neger waren Verbrecher [...]. Was wollten die Neger hier? Es war eine Schande!«; 206). Neben dem jungen Ezra Gallagher, der sich angesichts der entfesselten Stimmung im Bräuhaus aus einer instinktiven Angst- und Abwehrhaltung heraus vom Ort des Geschehens entfernt und seinen Vater zur Abreise auffordert (vgl. 200; 205), ist die einzige vernünftige Gegenstimme diejenige des auktorialen Erzählers, der die Irrationalität der eskalierenden Gewalt bis zur Lynchjustiz in eine eindeutige Beziehung zur faschistischen Ideologie stellt: »Die Oberländer-Kapelle spielte den Badenweiler Marsch, den Lieblingsmarsch des toten Führers. Man brauchte der Kapelle nur eine Lage zu spendieren, und sie spielte den Marsch, der den Einzug Hitlers in die Versammlungssäle der Nationalsozialisten begleitet hatte. Der Marsch war die Musik der jungen und verhängnisvollen Geschichte.« (199)

Nachwirken faschistischer Ideologie

Die Verselbstständigung des allgemeinen Ressentiments, der Verlust der Kontrolle über Gedanken und Gefühle und die triebhafte Entladung aufgestauter Aggressionen im kollektiven Mord sind ursächlich mit den je individuellen Frustrationen zu erklären, von denen der Roman am Beispiel von den knapp 30 namentlich bezeichneten Figuren Zeugnis ablegt.

Zugleich sind die dargestellten Phänomene der Entfremdung und der Selbstentfremdung des Menschen das strukturelle Problem einer Moderne, in welcher der technische Fortschritt in einem umgekehrt proportionalen Verhältnis zur Kommunikation und überhaupt zur Kommunikationsfähigkeit steht. In der Übergangsphase vom faschistisch totalitären zum demokratisch zivilisierten Staat verbreitet sich mit der militärischen Befreiung und der wirtschaftlichen Hilfe durch die USA in Westeuropa das Lebensideal des *American way of life,* der nicht nur in der »Bilderwelt un-

Amerikanisches Lebensideal

zähliger Magazine« einen gleichsam paradiesischen Zustand des Wohlstands und des Glücks bloß verheißt (vgl. 49f.), sondern seine Versprechungen einer technologischen Entlastung des alltäglichen Lebens durch die Automatisierung vieler Lebensvorgänge auch einlöst. In dem 18-jährigen deutschstämmigen Besatzungssoldaten Richard Kirsch als dem Repräsentanten der ›neuen‹ Welt verkörpert sich die entsprechende Umkehrung eines sich fortschrittlich gebärdenden leidenschaftslos-nüchternen Rationalismus in die Überlegenheitsperspektive eines Mannes, der beim Flug über Deutschland »das Land der Väter« (39) implizit als minder zivilisierten Ort der Vergangenheit betrachtet.

Koeppens Roman *Tauben im Gras* belegt mit dem Fortbestand nazistischer Denk- und Handlungsmuster und dem Wertezerfall innerhalb der deutschen Nachkriegsgesellschaft den illusionären Charakter einer mutmaßlich durch Wissenschaft und Technik, Wohlstand und Konsum beherrschten und beherrschbaren Zivilisation. Als Kritik an der Moderne erzählt *Tauben im Gras* vor allem von dem Verlust an zwischenmenschlicher Verständigung. Dieser ist zum einen technisch und zum anderen sozial bedingt: In der Wahrnehmung Philipps, der die »Unfunktion« (191) der Lautsprecheranlage zu Beginn von Edwins Vortrag erlebt, rebelliert die »Technik [...] gegen den Geist« (191); im Ergebnis mutiert die Sprache zur »Lautsprechersprache« als dem neuen »Weltidiom, das jeder kennt und niemand versteht« (209). Das Kofferradio des Touristen Odysseus Cotton, im Nachkriegsdeutschland des Jahres 1951 eine technische Sensation, wird – in einem poetischen Bild des Zerfalls der Einheit von Wort und Mund – zur »Stimme in Josefs Hand« (68), doch bietet diese Stimme dem Kofferträ-

Kommunikation

ger Josef keine Antworten, sondern nur ein »eindringliches Rauschen« sowie »Städtenamen, ferne Namen, fremde Namen, fremdländisch ausgesprochene Namen Moskau, Berlin, Tokio, Paris –« (68).

Der Unfähigkeit der Individuen zum Dialog und der Degenerierung der Kommunikation zum bloßen ›einlullenden‹ »Silbenrauschen« (83) entspricht die Auflösung von bewusst gelebter und erlebter historischer Geschichte in eine Naturgeschichte des gleichgültigen und endlos fortdauernden »Vergehens der Zeit und des organischen Verfalls« (Hielscher 1988 a: S. 81). Ausdrücklich assoziiert der Erzähler das »Lautrauschen« aus Odysseus' Musikkasten mit der Metapher von der »Brandung der Geschichte«, um darin begrifflich die »unverständliche erlebte gärende Geschichte« (82) als ziel- und endlosen Prozess der ›Schlammbildung‹ (vgl. 84) zu fassen. Die Allgegenwart des Geräuschs in den Apparaten und in den Menschen bezeichnet sozialgeschichtlich ein doppeltes, nämlich die technische und mediale Entwicklung der Nachkriegszeit (Radio, Kino, Fernsehen) sowie in »der Erfahrung des Geräuschs und des Lärms […] die Vernichtung bürgerlich-privater Individualität und die übermächtige Präsenz des Gesellschaftlichen« (Treichel 2000: S. 109).

Metaphern der geschichtlichen Entwicklung

Die monologische Frage des Gepäckträgers Josef, wann denn »das goldene Zeitalter, die hohe Zeit« (84) kommen werde, erweist sich im vorausgehenden Bild vom »Strom der Geschichte« und vom »stinkende[n] Mutterfeld« (84) als Utopie. Für die meisten anderen Romanfiguren ist die Frage nach einer möglichen Zukunft nicht mehr relevant, weil die Brüchigkeit des Lebens und die (Selbst)Entfremdung unmittelbar zum Utopieverlust und zum Bedürfnis nach Ich-Erfüllung in einer Gegenwart ohne Zukunft geführt haben. Im Sinne der auffällig zahlreichen Verweise und Anspielungen auf antike und biblische Ereignisse und Personen ist »die Welt so schicksalhaft geschlossen und unfrei wie im Mythos, die Geschichte ist eine Folge von Katastrophen« (Hielscher 1988a: S. 85). Durch die montagetechnische Verknüpfung von Einzelgeschichten wird die geschichtspessimistische Sicht einer zerfallenden und gefährdeten Welt nur scheinbar, nämlich durch die vom Erzähler auf der formalästhetischen Ebene bewerkstelligte »Synthesis des Heterogenen« (Quack 1997: S. 96) aufgehoben. Tatsächlich spiegelt das multiperspektivische Erzählen die »Disparitätserfahrung des modernen Bewusstseins« (Treichel 2000: S. 121).

7. Autor und Zeit

1906 **Geburt am 23. Juni** in Greifswald in Vorpommern als unehelicher Sohn einer Näherin und eines Augenarztes, der die Vaterschaft nicht anerkannte und mit dem Wolfgang Koeppen niemals Kontakt hatte.

1908 Umzüge nach Thorn und nach Ortelsburg in Ostpreußen.
Besuch des Realgymnasiums.

1919 Rückkehr nach Greifswald, wo der 13-jährige Gymnasiast aus finanziellen Gründen auf die Mittelschule wechseln muss.
Wechselnde Tätigkeiten als Volontär am Greifswalder Stadttheater, als Laufbursche, Schiffskoch und sonstiger Gelegenheitsarbeiter.

1925 Tod der krebskranken Mutter.

1931 Feuilleton-Redakteur beim Berliner Börsen-Courier. Koeppen schreibt etwa 200 Essays, Reportagen, Theater-, Film- und Literaturkritiken.

1933 Aufnahme in die nationalsozialistische Reichsschrifttumskammer.

1934 Veröffentlichung des ersten Romans mit dem Titel *Eine unglückliche Liebe*.
Ausreise in die Niederlande. Dort Mitarbeit bei reichsdeutschen Kinoproduktionen.

1935 Publikation des Romans *Die Mauer schwankt*.

1939 Rückkehr aus dem Ausland nach Berlin. Lebensunterhalt durch Verfassen von Filmdrehbüchern.

1945 Wohnsitzwechsel von Berlin nach Feldafing am Starnberger See und anschließend nach München.

1948 Veröffentlichung von *Jakob Littners Aufzeichnungen*

aus einem Erdloch in einer Bearbeitung durch Wolfgang Koeppen, der nach Kriegsende von einem Überlebenden des Holocaust dessen Bericht über die Flucht vor den Nationalsozialisten und das Versteck in einer Erdhöhle erhalten und das Manuskript zu einem Tatsachenbericht umgestaltet hatte. Koeppen erhielt als Honorar für die Edition der Notizen von dem Autor Care-Pakete aus den USA.
Heirat der Tänzerin und Schriftstellerin Marion Ulrich.

1951 *Tauben im Gras* (Roman).
1953 *Das Treibhaus* (Roman).
1954 *Der Tod in Rom* (Roman).
1955 Beginn einer Reihe von Reisen nach Spanien (1955), Rom (1956), in die Sowjetunion, nach Warschau, Den Haag und London (1957), in die USA (1958) und nach Frankreich (1959) mit dem Auftrag zur Erstellung von Radio-Essays, die auch in Zeitschriften und Sammelbänden publiziert wurden.
1958 Reisebeschreibungen *Nach Russland und anderswohin.*
1959 Reisebericht *Amerikafahrt.*
1961 *Reisen nach Frankreich.*
1962 Verleihung des Georg-Büchner-Preises der Darmstädter Akademie für Sprache und Dichtung.
1965 Literaturpreis der Bayerischen Akademie der schönen Künste.
1967 Immermann-Preis.
1971 Andreas-Gryphius-Preis.
1972 Erzählende Prosa *Romanisches Café.*
1974 Stadtschreiber in Bergen-Enkheim bei Frankfurt am Main.

1976 Autobiographische Prosadichtung *Jugend*.
1981 Herausgabe des Essaybandes *Die elenden Skribenten* zu Autoren und Werken.
1983 Arno-Schmidt-Preis.
1984 Tod von Marion Koeppen.
1986 Sechsbändige Ausgabe der *Gesammelten Werke* beim Suhrkamp Verlag in Frankfurt am Main.
1990 Ehrendoktorwürde der Universität Greifswald.
1992 Neuveröffentlichung von *Jakob Littners Aufzeichnungen aus einem Erdloch* unter dem Namen Wolfgang Koeppen. Im Vorwort schreibt er über die Aneignung des Materials: »Ich aß amerikanische Konserven und schrieb die Leidensgeschichte eines deutschen Juden. Da wurde es meine Geschichte.«
1996 **Tod am 15. März.**
2000 Die Literaturwissenschaftlerin Ruth Klüger, die mit ihrer Mutter die Deportationen in die Konzentrationslager Theresienstadt, Auschwitz-Birkenau und Christianstadt überlebt hatte, kritisiert die Veröffentlichung von Wolfgang Koeppens Roman *Jakob Littners Aufzeichnungen aus einem Erdloch* und denunziert die Angaben Koeppens zu seiner Autorschaft.
2002 Eröffnung des Literaturzentrums Vorpommern in Greifswald mit dem Wolfgang-Koeppen-Archiv.
2008 Unter dem Titel *... trotz allem, so wie du bist* erscheint im Suhrkamp Verlag die 300 Briefe, Karten und Telegramme umfassende Korrespondenz Wolfgang Koeppens mit seiner Frau Marion. Der Briefwechsel dokumentiert vor allem auch den vergeblichen Kampf gegen die Alkohol- und Tablettensucht Marions, der wiederholt ursächlich mit Wolf-

gang Koeppens Unfähigkeit zur Niederschrift eines neuen großen Romans in Verbindung gebracht wurde.

Die Jahre nach dem Zweiten Weltkrieg[4]

Vom Zweiten zum Kalten Krieg

Nach dem Kriegsende und dem Zusammenbruch der NS-Diktatur folgte von 1945 bis 1949 eine Phase des Übergangs. Die verbündeten Siegermächte USA, Großbritannien, Frankreich und die Sowjetunion teilten das deutsche Territorium sowie die ehemalige Reichshauptstadt in vier Besatzungszonen und betrieben die Demilitarisierung, Entnazifizierung und Demokratisierung des Landes. Das Konfliktverhältnis zur Sowjetunion führte schon bald zur Aufteilung in ein demokratisch verfasstes Westdeutschland und in einen ostdeutschen Staat, der in seiner Ausrichtung an der kommunistischen Weltanschauung alle Züge einer neuen Diktatur aufwies. Der Kalte Krieg zwischen den ursprünglichen Alliierten USA und UdSSR verfestigte sich in seiner ideologischen und machtpolitischen Konfrontation ab der Mitte der 50er Jahre in der Einbindung der beiden neuen deutschen Staaten in die militärischen Blocksysteme der NATO und des Warschauer Paktes.

Bewältigung der Kriegsfolgen

Die Bewältigung der wirtschaftlichen und sozialen Herausforderungen der Nachkriegszeit gestaltete sich extrem schwierig. Nachdem die Bevölkerungszahl in dramatischer Weise zurückgegangen war – unter den europaweit 55 Millionen Kriegstoten gab es auf deutscher Seite 4,3 Millio-

Wolfgang Koeppen (1986)

nen Soldaten und 2,8 Millionen Zivilisten –, mussten in Westdeutschland ab 1944 2,2 Millionen Vertriebene und Flüchtlinge aus Osteuropa aufgenommen und zusätzlich zu den 9 bis 10 Millionen Zwangsarbeitern, Kriegsgefangenen und Überlebenden aus den Konzentrationslagern versorgt werden. Hinzu kam die Notwendigkeit, 10 Millionen Menschen – unter ihnen zum überwiegenden Teil Frauen und Kinder, die zum Schutz vor den Bombardierungen der Städte evakuiert worden waren, sowie aus der Kriegsgefangenschaft entlassene Soldaten – bei der Rückkehr an ihre vormaligen Wohnorte zu unterstützen. Die alliierten Luftangriffe hatten etwa ein Viertel des vordem verfügbaren Wohnraums zerstört, während zugleich nahezu die Hälfte der Transportwege nicht mehr benutzbar war. Die ökonomischen Probleme wurden durch die von den Alliierten geforderten Reparationsleistungen noch verstärkt. So veranlassten beispielsweise die USA etwa 1000 Techniker zur Mitarbeit an amerikanischen Technologie-Projekten.

Auseinandersetzung mit der faschistischen Vergangenheit

Maßnahmen der Siegermächte zur Entnazifizierung und politischen Umerziehung der Bevölkerung in Westdeutschland konzentrierten sich auf die Verurteilung und Hinrichtung von Angeklagten, die während der NS-Diktatur Führungspositionen innegehabt hatten. Weniger spektakulär als die Ahndung von Kriegsverbrechen und von Verbrechen gegen die Menschlichkeit im Rahmen der sogenannten Nürnberger Prozesse im Jahre 1945 verlief die systematische Überprüfung der deutschen Bevölkerung im Hinblick auf die persönliche Verantwortung einzelner Bürger nach Maßgabe der Kategorien I (Hauptschuldiger) bis V (Unbelasteter). Als die Militärbehörden der westlichen Zonen ab 1946/47 deutschen

Gremien die Aufgabe der Erfassung nationalsozialistischer Gesinnung übertrugen, hoben die sogenannten Spruchkammern bestehende Entlassungen aus dem öffentlichen Dienst vielfach auf und verfügten in zahlreichen Verfahren eine Zuweisung der inkriminierten Personen zu den minder gewichtigen Kategorien IV (Mitläufer) und V. Von den insgesamt 3,6 Millionen Überprüfungen in den drei Westzonen endeten lediglich 5 Prozent mit einer Zuordnung zu den ersten drei Kategorien I bis III.

Zugleich setzte ein Prozess der Demokratisierung des öffentlichen Lebens ein, indem (neue) Parteien und Gewerkschaften ihre Arbeit aufnahmen. Als die von Frankreich, Großbritannien und den Vereinigten Staaten besetzten Westzonen das Angebot zur Bildung eines westdeutschen Bundesstaates erhielten, erarbeitete der gemeinsame Parlamentarische Rat eine neue Staatsverfassung, die am 8. Mai 1949 als Grundgesetz nach einem Mehrheitsbeschluss in Kraft trat und fortan die konstitutionelle Basis für die Bundesrepublik Deutschland bildete. Es folgten die Wahl der Abgeordneten des ersten Deutschen Bundestages am 14. August 1949 sowie kurz darauf die Ernennung von Theodor Heuss zum ersten Bundespräsidenten und diejenige von Konrad Adenauer zum ersten Bundeskanzler. Die deutsche Politik zielte in der sogenannten Ära Adenauer (1949–1963) auf die Wiedererlangung der deutschen Souveränität durch die Einbindung der Bundesrepublik in das Westbündnis.

Politischer und wirtschaftlicher Neubeginn

Neben der politischen Stabilisierung trugen mit dem sogenannten Marshallplan und mit der Währungsreform zwei einschneidende wirtschaftliche Maßnahmen zur Konsolidierung der Lebensumstände in der jungen Bundesrepublik bei. Auf Initiative des US-Außenministers George C. Marshall und im Einvernehmen mit dem Präsidenten Truman verabschiedete der US-Kongress im Jahre 1948 ein vierjähriges Wiederaufbauprogramm für das zerstörte Europa im Umfang von etwa 14 Milliarden Dollar. Die aus Krediten, Rohstoffen, Lebensmitteln und Waren bestehende Hilfe sollte nicht nur den mitunter dramatischen Mangel an Nahrungsmitteln und Arbeitsplätzen beheben, sondern zugleich dem machtpolitischen Einfluss der Sowjetunion entgegenwirken und in Europa einen Absatzmarkt für die amerikanische Überproduktion schaffen. Westdeutschland erhielt vor allem industrielle Rohstoffe und sonstige Mittel in einem Wert von ca. 1,5 Milliarden Dollar.

Wirtschaftswachstum

Der kontinuierliche Anstieg des Wirtschaftswachstums und des Wohlstands war zugleich ein Ergebnis der im Juni 1948 durchgeführten Währungsreform, bei welcher die ehemalige Reichsmark (RM) gegen die neue Deutsche Mark (DM) in einer Relation von 10:1 eingetauscht wurde und jeder Bürger einen einmaligen »Kopfgeld«-Betrag in Höhe von 60 DM erhielt. In der Folge verschwanden die Lebensmittelkarten, während sich zugleich die Geschäfte mit Warenangeboten füllten. Die Durchsetzung des Prinzips der sozialen Marktwirtschaft stellte die westdeutsche Wirtschaftsordnung in einen Gegensatz zu der in der Sowjetischen Besatzungszone (SBZ) propagierten sozialistischen Planwirtschaft.

Der als Wirtschaftswunder bezeichnete Aufschwung der jungen Bundesrepublik Deutschland führte zwischen 1950 und 1960 zu einer Verdreifachung des Bruttosozialprodukts und zu einem deutlichen Anstieg der Reallöhne. Zeichen einer beginnenden Hochkonjunktur war auch eine nahezu uneingeschränkte Vollbeschäftigung. Die Bundesrepublik entwickelte sich zu einer modernen Dienstleistungs- und Massenkonsumgesellschaft, innerhalb derer der Lebensstandard für alle Bevölkerungsschichten anstieg und immer mehr sozialstaatliche Leistungen bzw. finanzielle Entschädigungen etwa für Vertriebene, Flüchtlinge und Ausgebombte erbracht werden konnten.

Restauration

Wenn die deutsche Nachkriegszeit gelegentlich mit dem Begriff der Restauration etikettiert wird, so geschieht dies mit Blick auf die Verhaltensmuster einer Gesellschaft, die in der Phase des Wiederaufbaus und im Streben nach Sicherheit unter anderem Tendenzen des Rückzugs in das private familiäre Glück und in den Konsum des neuen Warenangebots zeigte. Während die nationalsozialistische Vergangenheit weitgehend ausgeblendet und verdrängt wurde, suggerierten Schlagermusik und Heimatfilme das bürgerliche Idyll einer Welt, in der die Premiere des Films *Die Sünderin* am 18. Januar 1951 wegen einer kurzen Nacktszene mit Hildegard Knef zum öffentlichen Skandal führte.

Kriegsangst

Für den einsetzenden Wohlstand wirkte vor allem der real existierende sowjetische Kommunismus als eine fortwährende potenzielle Bedrohung. In den Jahren 1950 bis 1953 erzeugte daher der Krieg zwischen nordkoreanischen und chinesischen Truppen auf der einen sowie südkoreanischen und UNO-Truppen auf der anderen Seite die massive Angst vor einem neuen Weltkrieg, weil der Konflikt zwischen einer kommunistischen Macht und den USA die konkreten militärischen Folgen der ideologischen Differenzen zwischen Ost und West unmittelbar vor Augen führte.

Nicht die hier skizzierten positiven Signale von Wiederaufbau und Wirtschaftswunder prägen den Schlusssatz des Romans *Tauben im Gras*, sondern vielmehr die deutsche Teilung und die erneute Kriegsangst angesichts regionaler militärischer Auseinandersetzungen mit weltpolitischer Bedeutung:

»Deutschland lebt im Spannungsfeld, östliche Welt, westliche Welt, zerbrochene Welt, zwei Welthälften, einander feind und fremd, Deutschland lebt an der Nahtstelle, an der Bruchstelle, die Zeit ist kostbar, sie ist eine Spanne nur, eine karge Spanne, vertan, eine Sekunde zum Atemholen, Atempause auf einem verdammten Schlachtfeld.« (228)

Der zitierte Passus variiert den textidentischen Romananfang in nur geringfügiger Weise und vermittelt den Eindruck einer nahenden Katastrophe:

»Das Frühjahr war kalt. Das Neueste wärmte nicht. *Spannung, Konflikt*, man lebte im Spannungsfeld, östliche Welt, westliche Welt, man lebte an der Nahtstelle, vielleicht an der Bruchstelle, die Zeit war kostbar, sie war eine Atempause auf dem Schlachtfeld […].« (9f.)

Die Korrespondenz von Anfangs- und Schlusssequenz markiert mit dem Wechsel vom epischen Präteritum zum Präsens den akuten Fortbestand von Bedrohung und Unheil in der realen Gegenwart des Lesers. Es wird also durch die Wiederholung eines geschichtspessimistischen Erzählerkommentars auf der formalen Ebene des Romans eine Geschlossenheit erzeugt, die in ihrer Klammerfunktion nichts anderes besagt, als dass die Welt zerbrochen ist.

8. Rezeption

Mit einem großen Publikums- und Verkaufserfolg konnten Autoren der 50er Jahre nur rechnen, wenn sie sich »mit konventionellen Mitteln [...] der Vergangenheit zuwandten und reale Erfahrungen entweder biographisch festhielten oder metaphysisch deuteten, in jedem Fall aber die ›Wirklichkeit‹ einzufangen meinten« (Lorenz 1998: S. 111). Avantgardistische Autoren wie Koeppen und Arno Schmidt, die die Wirklichkeit und mit ihr auch die künstlerische Darstellbarkeit der Realität problematisierten, wurden von den einflussreichen Literaturkritikern kaum zur Kenntnis genommen. Vielmehr privilegierten die Großkritiker traditionelle Kunstwerke, »die vermeintlich gesicherte humanistische Werte, christliche oder existentialistische Glaubensinhalte und weltferne Kunstideale an die Stelle historisch und philosophisch reflektierter Zeitdiagnosen setzte[n]« (ebd.). Koeppen hingegen stellte die humanistischen Menschheits- und Geschichtsideale (Freiheit des Willens, Selbstbestimmung des Subjekts, Fortschritt durch Vernunft usw.) in Frage.

Trotz der nonkonformistischen Zielsetzung einer Kritik an den restaurativen Tendenzen der Nachkriegsära in der experimentellen Form eines Montageromans wurde dem Werk von der Mehrheit eine hohe Qualität zugesprochen. Karl Korn bezeichnete den Roman in der *Frankfurter Allgemeinen Zeitung* als »Roman, der Epoche macht« (zit. nach Koch 1993: S. 36). Während auch Wolfgang von Einsiedel die gleichfalls positive Ansicht vertrat, dass Koeppen ein »dichterischer Zeitroman« (zit. nach ebd.) gelungen sei, sprach lediglich Hans

Positives Echo

Schwab-Felisch dem Buch im Jahre 1952 die mögliche Überzeugungskraft ab, weil es »sich fast ausschließlich im Morbiden, im Sumpfe tummelt, weil es außer der Analyse dieser Gegebenheiten keine Kraft aufweist, weil sein Pessimismus keine substantielle Größe hat« (zit. nach ebd.: S. 37).

Geringer Verkaufserfolg

Ungeachtet der zahlreichen positiven Rezensionen in den renommiertesten und wirkungsreichsten Blättern der Zeit blieb der Verkaufserfolg jedoch gering. Gleichwohl zählt Wolfgang Koeppens *Tauben im Gras* »heute neben den bekannten Kurzgeschichten und Romanen von Heinrich Böll und Wolfdietrich Schnurre sowie den frühen Romanen von Arno Schmidt zu den gelungensten Prosatexten über die ersten Nachkriegsjahre in Deutschland« (Koch 1993: S. 34).

Anlässlich des einhundertsten Geburtstags bilanziert Heinrich Detering (2006: S. 51) die epochale Eigenart des Schriftstellers, indem er ihn in die Tradition einer Kunst stellt, welche in einer radikalisierten Subjektivität und Affektivität eine negative Gegenposition zum Rationalismus der bürgerlichen Ordnung behauptet: »Wolfgang Koeppen war ein moderner Romantiker und ein romantischer Moderner, überzeugt davon, dass ihm in dieser Welt und dass dieser Welt selbst eigentlich nicht zu helfen war.« (ebd.)

9. Checkliste

1. Auf den Seiten 9 und 10 der Romanausgabe sind Schlagzeilen aus Zeitungen der deutschen Nachkriegszeit dokumentiert. Ermitteln Sie auf der Grundlage von Zitaten wie »*Eisenhower inspiziert in Bundesrepublik, Wehrbeitrag gefordert, Adenauer gegen Neutralisierung*« (10) durch eine Internet-Recherche die jeweiligen Daten und Fakten, um den historischen Kontext der erzählten Handlung zu präzisieren.
2. Informieren Sie sich über das Deutschland der 50er Jahre in einer oder mehreren der zahlreichen Publikationen, die es zu dem Thema gibt (vgl. Anm. 4). Sie können sich dort über die politischen und sozioökonomischen Entwicklungen hinaus unter anderem auch ein Bild von Modetrends, Sportereignissen oder technischen Neuerungen machen. Interessant dürfte auch die Beantwortung der Frage sein, unter welchen Umständen Kinder und Jugendliche in der Nachkriegszeit aufwuchsen.
3. Auf den Seiten 33 bis 35 wird eine Fülle von Vorkenntnissen zu den dort genannten Personen, Publikationen, Orten und Ereignissen vorausgesetzt. Versuchen Sie auch hier, die bruchstückhaften Informationen bei einer Internet-Recherche in einer Liste so zu vervollständigen, dass Sie anschließend in der Lage sind, durch eine Analyse die besondere Form und Funktion des Textauszugs zu erfassen.
4. Carla Behrend, ehemalige Sekretärin des Platzkommandanten im Wehrmachtsbüro und nun Angestellte der US-Transporttruppe, befindet sich zum Zeitpunkt der

Romanhandlung in einem krisenhaften Zustand der Entscheidung zwischen Ablehnung und Anerkennung ihrer veränderten Lebenssituation. Entwickeln Sie auf der Grundlage des Romanauszugs 47,27 (»Gleich aus der Linie sechs in die elf. Sie würde Dr. Frahm noch treffen.«) bis 50,20 (»Dr. Frahm mußte ihr beistehen, mußte es nehmen, gleich –«) an Carla Behrend das Psychogramm einer Frau am Wendepunkt zwischen Vergangenheit und Zukunft.

5. Analysieren Sie – ausgehend von der erzählerischen Darstellung des berühmten US-amerikanischen Schriftstellers 106,4 bis 112,21 – die Lebensweise und Weltsicht Edwins.
6. Der Roman berichtet in einer längeren Episode (37,29 bis 40,17) davon, wie der US-Luftwaffensoldat Richard Kirsch Europa sieht. Stellen Sie in einer Tabelle die positive ›amerikanische‹ Selbstwahrnehmung der ›neuen‹ und die negative Fremdwahrnehmung der ›alten‹ Welt durch den deutschstämmigen Besatzungssoldaten gegenüber. Nehmen Sie anschließend kritisch Stellung zu dem Welt- und Menschenbild des jungen Protagonisten.
7. Eine merkwürdige Mischung aus Nähe und Distanz bestimmt das Verhältnis der beiden gleichaltrigen Jungen Heinz Behrend und Ezra Gallagher. Untersuchen Sie auf der Basis der Episode 206,21 (»›Wo ist der Hund?‹ fragte Ezra«) bis 208,16 (»Die Sirenen der deutschen Streifenwagen antworteten«) das gegen- und wechselseitige Spiel der Kräfte zwischen den Kindern Heinz und Ezra. Ihre Ausführungen sollten zum besseren Verständnis der jeweiligen Verhaltensweisen biographische Informationen über die beiden Elfjährigen einschließen.

8. Analysieren Sie ausgehend von dem Textauszug 74,14 (»Es war eine Nation von Autofahrern«) bis 75,29 (»dann kletterte er vom Sockel«) die erzählerische Darstellung der entstehenden Automobilgesellschaft in der deutschen Nachkriegszeit.
9. Innerhalb der Romanhandlung nimmt die Darstellung eines Baseballspiels einen breiten Raum ein: 128,27 bis 129,23, 131,9 bis 132,12 sowie 137,25 (»Dann sprang Odysseus auf die Bühnenbank«) bis 138,3. Untersuchen Sie die genannten Textauszüge im Hinblick auf die spezifische Wiedergabe eines sportlichen Massenereignisses durch den Erzähler.
10. Projektarbeit zum Thema Liebe, Erotik und Sexualität in Koeppens Roman *Tauben im Gras*: Erarbeiten Sie die unterschiedlichen Formen und Funktionen der Darstellung von Liebe, Erotik und Sexualität.
11. Projektarbeit zum Thema Mythos: Untersuchen Sie – im Rückgriff auf die Wort- und Sacherklärungen – die Formen und Funktionen von biblischen und antiken Mythen im Kontext der Romanhandlung.
12. Vergleichen Sie die Darlegungen des Erzählers zu Beginn des Romans (9 f.) mit denjenigen am Ende (227) im Hinblick auf Übereinstimmungen und Unterschiede, um auf diese Weise Konstanten und Veränderungen in der Weltsicht des Erzählers zu erfassen.

10. Lektüretipps

Textausgaben

Die Erstausgabe von *Tauben im Gras* erschien 1951 im Scherz und Goverts Verlag (Stuttgart/Hamburg). Im vorliegenden *Lektüreschlüssel* wird nach der folgenden Ausgabe zitiert:

Koeppen, Wolfgang: Tauben im Gras. Roman. Frankfurt a. M.: Suhrkamp, 1980 [u. ö.]. (suhrkamp taschenbuch. 601.)

Zu Biographie und Gesamtwerk des Autors

Detering, Heinrich: Hecht im Karpfenteich der Nachkriegsliteratur. Ein romantischer Jünger der tragischen Moderne und ein geborener Außenseiter: Zum hundertsten Geburtstag von Wolfgang Koeppen. In: *Frankfurter Allgemeine Zeitung* vom 24. Juni 2006. S. 51.

Estermann, Alfred: Ein riesiger Steinbruch aus Anfängen. Wolfgang Koeppens literarischer Nachlass – Ein Überblick. In: *Frankfurter Allgemeine Zeitung* vom 5. Dezember 1998. S. 1.

Häntzschel, Günter / Hiltrud Häntzschel: Wolfgang Koeppen. Leben – Werk – Wirkung. Frankfurt a. M. 2006. (Suhrkamp BasisBiographie. 12.)

Ebner, Anja (Hrsg.): … trotz allem, so wie du bist. Wolfgang und Marion Koeppen: Briefe. Frankfurt a. M. 2009.

www.wolfgang-koeppen-stiftung.de

Sekundärliteratur zu *Tauben im Gras*

Altenhofer, Norbert: Wolfgang Koeppen: *Tauben im Gras* (1951). In: Paul Michael Lützeler (Hrsg.): Deutsche Romane des 20. Jahrhunderts. Neue Interpretationen. Königstein i. Ts. 1983. S. 284–295.

Buchholz, Hartmut: Eine eigene Wahrheit. Über Wolfgang Koeppens Romantrilogie *Tauben im Gras*, *Das Treibhaus* und *Der Tod in Rom*. Frankfurt a. M. / Bern 1982.

Bungter, Georg: Über Wolfgang Koeppens *Tauben im Gras*. In: Zeitschrift für deutsche Philologie 87 (1968). H. 4. S. 535–545. – Auch in: Ulrich Greiner (Hrsg.): Über Wolfgang Koeppen. Frankfurt a. M. 1976. S. 186–197.

Einsiedel, Wolfgang von: Ein dichterischer Zeitroman. In: Ulrich Greiner (Hrsg.): Über Wolfgang Koeppen. Frankfurt a. M. 1976. S. 33–35.

Friedrich, Hans-Edwin: »Kreuzritter an Kreuzungen« – Entsemantisierte Metaphorik als artistisches Verfahren in Wolfgang Koeppens Roman *Tauben im Gras*: Reaktion auf den Wertezerfall nach 1945. In: Jürgen Egyptien (Hrsg.): Wolfgang Koeppen – Neue Wege der Forschung. Darmstadt 2009. S. 62–102.

Haberkamm, Klaus: Wolfgang Koeppen. »Bienenstock des Teufels.« Zum naturhaft-mythischen Geschichts- und Gesellschaftsbild in den Nachkriegsromanen. In: Hans Wagener (Hrsg.): Zeitkritische Romane des 20. Jahrhunderts. Stuttgart 1975. S. 241–275.

Hielscher, Martin: Wolfgang Koeppen. München 1988. (Zit. als: Hielscher 1988 a).

– Zitierte Moderne. Poetische Erfahrung und Reflexion in

Wolfgang Koeppens Nachkriegsromanen und in »Jugend«. Heidelberg 1988. (Zit. als: Hielscher 1988 b).

Koch, Manfred: Wolfgang Koeppen: *Tauben im Gras*. In: Interpretationen. Romane des 20. Jahrhunderts. Bd. 2. Stuttgart 1993. (Reclams Universal-Bibliothek. 8809.) S. 34–58.

Lorenz, Otto: Die Öffentlichkeit der Literatur: Fallstudien zu Produktionskontexten und Publikationsstrategien. Wolfgang Koeppen – Peter Handke – Horst-Eberhard Richter. Tübingen 1998.

Ochs, Tilmann: Kulturkritik im Werk Wolfgang Koeppens. Berlin/Hamburg/Münster 2004.

Quack, Josef: Wolfgang Koeppen. Erzähler der Zeit. Würzburg 1997.

Scherpe, Klaus R.: Ideologie im Verhältnis zur Literatur. Versuche einer methodischen Orientierung am Beispiel von Wolfgang Koeppens *Tauben im Gras*. In: Eckart Oehlenschläger (Hrsg.): Wolfgang Koeppen. Frankfurt a. M. 1987. S. 233–257.

Treichel, Hans-Ulrich: Das Geräusch und das Vergessen. Realitäts- und Geschichtserfahrung in der Nachkriegstrilogie Wolfgang Koeppens. In: Ders.: Über die Schrift hinaus. Essays zur Literatur. Frankfurt a. M. 2000. S. 95–129.

Wehdeking, Volker / Günter Blamberger: Erzählliteratur der frühen Nachkriegszeit (1945–1952). München 1990.

Anmerkungen

1 Philipp ist »vom Autor mit stark autobiographischen Zügen versehen« (Treichel 2000: S. 99; vgl. auch Hielscher 1988 a: S. 78).

2 Edwin ist dem englisch-amerikanischen Dichter T. S. Eliot (1888–1965) nachempfunden (vgl. Treichel 2000: S. 102 sowie Hielscher 1988 a: S. 78), dessen Leben und Werk maßgeblich von Buddhismus, christlichem Mystizismus und antiker Philosophie sowie von einer starken Skepsis gegenüber dem Fortschrittsglauben geprägt war.

3 Nach Tilman Ochs (2004: S. 162) hat sich der »Begriff des Panoramas [...] in der Forschung zur Charakterisierung des Romans [Tauben im Gras] etabliert«. Ebenso wie Norbert Altenhofer, der das Buch »als das ›erste epische Panorama der westdeutschen Restauration‹ bezeichnet, sehen auch andere in dem Roman eine panoramatische Sicht der zeitgenössischen Gesellschaft« (Hielscher 1988 b: S. 59) und ein »Stadtpanorama der neugegründeten Bundesrepublik« (Wehdeking/Blamberger 1990: S. 130). Ihnen gegenüber erweitert Ochs den Begriff des Panoramas über die bloß zeitgeschichtlichen Bezüge hinaus um die Darstellung der Vermassung und der Technisierung moderner Gesellschaften (vgl. Kap. 6 dieses Lektüreschlüssels).

4 Einen Überblick über die Geschichte der unmittelbaren Nachkriegszeit 1945–1948 sowie über die anschließende Adenauerzeit vermitteln: Marie-Luise Becker, *Geschichte der Bundesrepublik Deutschland*, 3., überarb. und erw. Aufl. München 2009; Helmut M. Müller, *Schlaglichter der deutschen Geschichte*, Bonn 2002 (Kap. 12 und 13); Georg Bönisch / Klaus Wiegrefe (Hrsg.), *Die 50er Jahre*, München 2007; Wolfgang Bayer / Karen Andresen, *Die 50er Jahre. Vom Trümmerland zum Wirtschaftswunder*, Spiegel special Heft 1/2006, Hamburg 2006; *http://www.planet-wissen.de* (Artikel *Jugend in den 50er Jahren*); *http://de.wikipedia.org/wiki/1950er* (letzter Zugriff: Juni 2010).